中华优秀传统文化丛书

武 术

栗小莹 ⊙ 编著

吉林出版集团股份有限公司

前　言

　　中国文化历时远久，累积了千百代人的智慧，是人类文明的宝贵遗产。时间与智慧让文化浑厚且深邃，缤纷多彩，包罗万有。文化为人类所创造，同时也推动人类的演进。中国文化是中华民族生生不息、团结奋进的不竭动力，是凝聚人民力量、培育民族精神的基础。

　　中国位于太平洋与帕米尔高原之间，独特的地域环境使中国文化早期的发展很少与外界文化发生关系，成为世界上少有的原生性文化。这种文化绵延不断，丰富而又深刻，并成为支撑中华文明的坚强支柱。

　　中华民族创造了丰富的物质文化和精神文化，物质文化是一种外部现实，精神文化也同样是一种现实，它是自由的思维空间，横无际涯，这个空间让我们感受中国文化之美，体验中国文化之崇高。博大的中国文化传统之下，涵盖着无数的文化个体，正是这些个体给了中国文化以实际内容。不同的个体在纷杂的历史条件下产生，辐射出璀璨的光华。

　　灿若群星的传统文化个体，也不尽然就是一个个体，更多的时候它是一个体系，一个多元的组合。每个文化个体个性迥异但又同在一个更大的文化体系之内，和谐而又体现着中国文化的精髓。

　　经济的全球化，对文化产生了深刻的影响，但这种影响不应该导致民族特色文化的消亡，各种文化相互交融后的结果应该是千姿百态，应该是异彩纷呈。一个胸襟宽广的民族更需要的是智慧和远见，保护和传承文化是我们的责任，它关系到民族的兴衰和存续。作为炎黄子孙应该对民族的优秀传统文化存一种尊重敬畏之心，保护它的多样性，寻求与不同文化的共处、交融与繁荣。

随着经济的全球化，我们要欢迎更广泛的文化交往，积极吸收人类文明的成果，丰富自己。中华文明应该主动地走向世界，世界对我们了解得很少且肤浅，我们也有责任让世界认知中国文化的真相。

基于加强中国优秀传统文化保护与推广的目的，我们选取了春节、元宵节、清明节、端午节、中秋节、重阳节、腊八节、冬至节、祭灶节、京剧、评剧、豫剧、越剧、黄梅戏、木偶戏、舞龙舞狮、秧歌、庙会、武术、杂技等二十个优秀传统文化现象，一一介绍，力求表现各种文化现象的精髓，展现这些经过成百上千年选择与沉淀下来的中国文化的内容与形式。这二十个文化现象，有关民俗文化的占较大比重，而中国古代的民俗活动往往掺杂了许多迷信的成分，但要原汁原味地表现这些文化，不可避免地要提到，所以我们在了解这些文化的同时也要树立我们自己的正确的价值观，为提升我们民族文化的整体水平和民族整体的文化素养作出贡献。

中国文化的人文精神、崇德尚群、中和之境、整体思维、慎终追远的文化特质在它们中均有体现。这些文化特质既包含着自强不息的进取精神，更包含着尊重传统、鉴往察来的历史智慧。我们愿意将这些优秀的文化特质呈现给广大读者，更希望通过它让世界对中国有深层次的了解和认识，推动中国优秀传统文化走向另一个顶峰。

编者

2013年1月7日

目 录

武术的由来 8

武术的发展 10

武术的内涵 12

提高素质，健体防身 14

强身健体，陶冶情操 16

锻炼意志，培养品德 18

交流技艺，增进友谊 20

武术的使用价值 22

武术的特点 24

寓技击于体育之中 26

形神兼备的民族风格 28

身体素质 30

武术的适应性 32

套路 34

攻防 36

对练 38

集体演练 40

传统武术 42

现代武术 44

竞技武术 46

武德 48

武术五戒 50

武术十禁 52

夏、商、西周时期的武术 54

春秋战国时期的武术 56

秦代的武术 58

汉代的武术 60

两晋南北朝时期的武术 62

隋唐五代时期的武术 64

宋元时期的武术 66

明代的武术 68

清代的武术 70

民国时期的武术 72

服装 74

护具 76

场地 78

武术器械 80

刀 82

枪 84

剑 86

戟 88

斧 90

钺 92

钩 94

叉 96

鞭 ⋯⋯⋯⋯⋯⋯⋯⋯⋯⋯⋯⋯⋯⋯⋯ 98

铜 ⋯⋯⋯⋯⋯⋯⋯⋯⋯⋯⋯⋯⋯⋯⋯ 100

锤 ⋯⋯⋯⋯⋯⋯⋯⋯⋯⋯⋯⋯⋯⋯⋯ 102

抓 ⋯⋯⋯⋯⋯⋯⋯⋯⋯⋯⋯⋯⋯⋯⋯ 104

镗 ⋯⋯⋯⋯⋯⋯⋯⋯⋯⋯⋯⋯⋯⋯⋯ 106

棍 ⋯⋯⋯⋯⋯⋯⋯⋯⋯⋯⋯⋯⋯⋯⋯ 108

槊 ⋯⋯⋯⋯⋯⋯⋯⋯⋯⋯⋯⋯⋯⋯⋯ 110

棒 ⋯⋯⋯⋯⋯⋯⋯⋯⋯⋯⋯⋯⋯⋯⋯ 112

拐 ⋯⋯⋯⋯⋯⋯⋯⋯⋯⋯⋯⋯⋯⋯⋯ 114

流星锤 ⋯⋯⋯⋯⋯⋯⋯⋯⋯⋯⋯⋯⋯ 116

武术与《易经》 ⋯⋯⋯⋯⋯⋯⋯⋯⋯ 118

中国武术与古典文学 ⋯⋯⋯⋯⋯⋯ 120

武术名人 ⋯⋯⋯⋯⋯⋯⋯⋯⋯⋯⋯⋯ 122

武术流派 ⋯⋯⋯⋯⋯⋯⋯⋯⋯⋯⋯⋯ 124

武术在国外的传播 ⋯⋯⋯⋯⋯⋯⋯ 126

武术的由来

武术比赛

　　中国武术历史悠久，源远流长，而且内容丰富，博大精深，具有浓厚的传统文化特色，是一份优秀的民族文化遗产。

　　中国武术的起源和中华文明的产生是同步的，可以追溯到中国原始社会。原始社会生产力极其低下，原始人以狩猎来获取生产资料。在狩猎的过程中，人类不仅靠拳打、脚踢等徒手动作去擒杀野兽，还逐渐利用木棒、石块等与野兽抗争。旧石器时代出现了石球、石斧等工具。新石器时代末期则出现了大量的石铲、石刀、骨制的鱼叉等，这些工具的出现大大提高了原始人类的搏杀技能和生存能力。虽然这些原始形态的攻防技能是低级的，还没有脱离生产技能的范畴，却是武术形成的基础。

另外，在原始社会末期，部落之间还出现了大规模的战争，例如黄帝与炎帝的战争、黄帝与蚩尤的战争等。这种有组织的战争活动促进了武术的形成，为武术的萌生奠定了基础。

原始社会

原始社会是人类社会发展的第一阶段。此时生产力水平较低，生产资料公有制。后来随着社会生产力水平的提高，逐渐出现了私有制和阶级思想，原始社会逐渐瓦解。

石球

石球是原始社会时期原始人类生活中的一种工具，圆形，大小不等，大的石球多是用来投掷野兽，小的石球可用作飞石索来猎取野兽。

原始战争

原始战争指的是原始社会后期由于私有制的发展，各个氏族和部落之间因为争夺生活、生产资料等而发生的争斗。原始战争促进了兵器的制造和军事战斗技能的提高。

武术的发展

　　春秋战国时期战争不断，促使武术具备了初始形态。汉代时武术已经形成多种技术风格的流派。两晋南北朝时期，由于各民族的大融合，武术也受到了一定程度的影响。隋唐时期是武术的大发展时期。宋元时期，由于不同统治阶级的尚武和禁武，武术的发展相对曲折。明清时期，中国武术的发展达到繁荣，并建立了完整的体系。民国时期，政治、经济、文化等的变化对武术发展产生了一定的影响。

　　新中国成立后，武术得到了长足的发展。武术作为优秀的民族文化遗产被加以继承和发扬。官方组织的历届全国性武术比赛，展现了我国武术事业的发展和繁荣。此外，相关大学开设了武术专业，个别的中小学还把武术列为体育课程的重要内容。

　　武术经过历代的发展和创新，逐渐形成了包含多种锻炼方式，具有强健体魄、自卫御敌、艺术表演、陶冶性情等多种功能的体育项目。武术已成为中国传统文化的重要组成部分，并在世界各地得到了一定的传播。

民族文化

　　民族文化是指一个民族在长期的历史发展中共同创造并赖以生存的一切文明成果的总和。这一成果包括物质方面的、精神方面的和介于两者之间在制度方面的成果。

少林武术

武术专业

　　武术专业指的是在高校开设的一种学科专业，教授中国武术传统理论、现代竞技武术知识和拳术、器械、散打、搏击、摔跤等运动技能。

传统文化

　　传统文化是民族历史上各种文化思想和观念的总体表征。我国的传统文化主要以儒家文化为核心，包括诗、词、文、赋、音乐、绘画、武术等具体内容。

武术的内涵

武术是以技击为主要内容，以套路和格斗为主要运动形式，注重内外兼修的中国传统体育项目。攻防技击性，是武术的本质特点。内外合一、形神兼备，是我国武术的民族风格。

武术的内容丰富，形式多样，并且具有广泛的群众基础。长期进行武术锻炼，可以强筋骨、健体魄。中国武术与中国传统文化有着紧密的联系，中国古代的哲学、医学、兵法思想等都是武术的理论基础，尤其是中国的兵法思想促进了武术的发展，同时也更是武术精髓的一种体现。

武术的内涵博大精深，承载和体现着中国民族文化的方方面面。它既具备了人类体育运动强身健体的共同特征，又具有东方

武术学习

文明所特有的哲理性、科学性和艺术性。所以武术不仅是一种锻炼形式，还是一种文化修养。中国武术之所以能被不断地继承和弘扬，不仅仅在于它有一定的实用价值，更在于它所包含的丰富的文化内涵。所以，只有真正把握了武术的文化内涵，才能够体会到武术的魅力和精髓。

兵法

兵法指的是用兵作战的策略和方法。在中国历朝历代都涌现出了许多著名的兵法作品，它们是中国古典军事文化遗产中的瑰宝，较为著名的兵法著作有《孙子兵法》等。

武术的实用价值

武术的实用价值是指武术最基本的价值和作用，如防卫、健身等。武术的实用价值是普通群众就可以接受并体现的。

武术的文化内涵

中国的武术有着深厚的文化积淀，深入到了中国古代文化的各个层面，所以武术的文化内涵极其丰富，其文化魅力绵延至今。

提高素质，健体防身

武术的动作包括踢、打、摔、跌、击等。在系统的武术运动过程中，人体的四肢几乎都要参与运动，这样可以使人的身体得到全面的舒展和锻炼。长期进行武术运动，对外能起到强筋健骨、健体防身的作用，对内可以养精蓄锐、调理经脉，从而改善人体机能，增强体质，使身体更加健康，精力更加充沛，达到养生的功效。

武术套路运动和搏斗运动都是以技击作为中心内容。通过武术锻炼，不仅能够增强体质，而且能够学会攻防格斗技术，特别是武术功力训练，可以发挥武术的防身功能。在搏斗运动中，做到知己知彼、扬长避短，抓住时机，不断地提高自己的判断能力和应变能力，真正发挥武术克敌制胜和防身自卫的功能。军队战士、公安、武警等部门平时经常通过武术军事训练来提高自己防御攻敌的技能，从而使国民的安全得到保障，例如武警擒敌拳等。

武术与养生

中国武术是养生健身的一种重要方法。武术在其形成和发展过程中，受到中国传统养生文化的影响，并逐渐形成了独特的武术养生学。

中华武术

知己知彼

出自《孙子兵法·谋攻篇》的"知己知彼，百战不殆"，意思是：如果对敌我双方的情况都能了解透彻，打起仗来就可以立于不败之地。

武警擒敌拳

擒敌拳是武警公安边防部队使用的一种擒敌基本套路，动作融入了所有手形、步形和攻击技法，包括贯耳冲膝、抓腕砸肘、挡臂掏腿等共计16个动作。

强身健体，陶冶情操

武术之所以能在我国流传数千年，并得到继承和弘扬，除了因为它的健体防身功能，还因为武术有着浓厚的艺术性，同书法、绘画、音乐、舞蹈等其他艺术形式一样，能够陶冶人们的情操。

武术套路的动作形神兼备、节奏分明、动静结合，处处体现着舞蹈之美。而且，武术对"神韵"也有一定的要求，在套路的演练中必须做到神随形转，使动作协调、灵动，如行云流水一样自然流畅、浑然天成，充满神韵之美。武术的舞蹈之美和神韵之美使我们在潜移默化中陶冶自己的情操，获得精神上的享受和满足。唐代诗人杜甫的《观公孙大娘弟子舞剑器行》这首诗就生动形象地描写了舞剑之美。

强身健体

另外，随着武术的不断创新和发展，具有观赏价值的武术表演逐渐兴起，通过观赏赏心悦目的武术表演，能够让我们体会到武术的精神之美，受到美的陶冶。

神韵

神韵是指含蓄蕴藉、冲淡清远的艺术风格和境界。它以抒写主体审美体验为主，追求生动自然、清奇冲淡、委曲含蓄、耐人寻味的境界。

《观公孙大娘弟子舞剑器行》

《观公孙大娘弟子舞剑器行》是杜甫的一首诗，其中诗句"如羿射九日落，矫如群帝骖龙翔。来如雷霆收震怒，罢如江海凝清光"写出了公孙大娘高超的舞剑技艺。

中国国家武术表演艺术团

中国国家武术表演艺术团成立于2004年，是目前国内唯一代表国家的武术表演艺术团体。它以弘扬武术文化为宗旨，承接国内外体育文化交流活动。

锻炼意志，培养品德

　　"冰冻三尺非一日之寒"，想要在武术上有所成就，不是一朝一夕的努力就能促成的。一个有所成就的武者必定是经过了重重的磨炼，逐渐才具备良好意志品质的。

　　首先，习武者在练习基本功时要经得起各种疼痛、意外伤等考验，这有助于培养坚强的意志力。其次，练武需要有坚持不懈的恒心，正如谚语中所说"冬练三九，夏练三伏"。练武必须经过反复训练，认真研习每一个动作，才能够让自己的动作出神入化，真正地领会到武术的精神。再次，练武需要有虚心精神，切忌骄傲自满、止步不前。武术是一种不断发展和创新的体育活动，没有人会永远站在武术的最高端，所以要虚心向武术造诣高的人求教和学习，这样才能够不断地提高。另

劈挂拳

外，古代习武者还倡导"侠义精神"，"侠义精神"虽然在现代社会中已经不适用，但其中的积极方面还是值得提倡的。

总之，练武可以磨炼人的意志，有助于培养优良的道德品质。

基本功

武术的基本功练习主要包括腿法练习、跳跃练习、上肢练习、翻转练习和桩功练习，另外还有基本组合动作练习。

冬练三九，夏练三伏

"三九"是指冬至后的第三个"九天"，天气极其寒冷；"三伏"指的是一年中最热的时候。"冬练三九，夏练三伏"是指在严寒酷暑中练武，能够锻炼人们的意志。

侠义精神

侠义精神是从武侠小说中引申而来的一种精神，多指见义勇为、舍己为人的道德品质。在小说中侠义精神往往体现在武功高强、身怀绝技的侠士身上。

交流技艺，增进友谊

  武术因其自身的魅力，吸引了大量的武术爱好者。各种武术比赛、武术协会等活动或武术团体组织的成立，有助于广大武术爱好者进行思想交流，切磋技艺，促进武术的长足发展和创新。同时，武术爱好者通过以武会友的方式，还可以扩大自己的交际范围，拥有更多志同道合的朋友。

  近年来，武术作为一种具有中国特色的传统文化，逐渐走出国门，被诸多国外的武术爱好者所喜爱，并且吸引了大批国外的武术爱好者不远万里来到中国，通过习武来了解中国文化，了解中国。国内的一些武术团体也经常远赴国外进行演出，在国际武术联合会的推动下，中国武术甚至在奥运会上表演，使中国武术

武艺切磋

的精神得到宣扬，受到国外观众的欢迎和好评。随着武术在世界上的传播，国家之间的一些武术赛事逐渐增多，通过这些武术赛事也促进了各国人民的友好交往。

中国武术协会

中国武术协会成立于1958年，以继承和发扬中华武术优秀文化遗产为宗旨，倡导和普及群众性武术运动的开展，并积极稳妥地推动中国武术走向世界。

中国武术与第十一届奥运会

1936年，第十一届奥运会在德国柏林举行，中国武术队第一次随同参加并进行了精彩表演。表演充分体现了东方的传统文化韵味，赢得了各国观众的广泛赞誉。

国际武术联合会

国际武术联合会于1990年10月在北京成立。国际武术联合会以推动各个国家和地区武术团体的联合与统一，促进国际武术运动的发展为宗旨，同时也有助于把中国武术推向世界。

武术的使用价值

少林武术

　　武术的使用价值是多元化的，主要体现在以下几个方面：

　　首先，武术可以强健身体。武术的动作幅度一般都较为开阔，各个关节的活动范围也较大，要求肌肉和韧带具有较强的柔韧性和弹性。长期从事武术训练，有利于培养人的力量、耐力和协调性等基本素质。中国古代的"五禽戏"就是一种具有保健作用的传统武术套路。

　　其次，武术可以防身自卫。作为普通武术爱好者，习武可以防御外界的不安定因素，在自身遇到暴力伤害时，得以自我防护。作为专业的公安、武警、特警、国防战士等，通过较为系统的训练，则可以保家卫国，保证人民生命和财产安全，成为构建和谐社会的重要保障。

最后，武术可以丰富文化生活。武术的套路和动作是丰富多彩的，武术的表演性使武术更加贴近大众的生活，为更多的群众所接受。武术表演或刚健、或柔美，给观赏者以美的享受。近些年来，武术表演已经成为春节联欢晚会必不可少的节目之一。

五禽戏

五禽戏是由东汉医学家华佗创制的一种中国传统健身方法，流传时间较为久远。它通过模仿虎、鹿、熊、猿、鸟（鹤）五种动物的动作，达到保健强身的功效。

特警

特警专门负责各种特别危险的任务，包括拯救人质、围攻恐怖分子或有强大火力武器的匪徒等。特警通常受过严格的军事训练。

春晚上的武术表演

2003年以来，春晚上的《盛世雄风》、《对弈》、《功夫世家》等武术表演节目渐渐受到广大观众朋友的喜爱。武术表演节目已经成为央视春晚的重要文化符号之一。

武术的特点

武术的第一个特点是以"击"为核心。武术动作的产生、发展和变化，主要是围绕着"击"展开的。武术是对抗性质的体育项目，武术区别于其他体育项目的一个显著特点是它的攻防技击性。武术讲究踢、打、摔、拿、击、刺等攻防格斗技术。练习武术，不仅能够增强体质，而且能够掌握一些格斗的攻防技术。

武术的第二个特点是"舞"。"舞"指的是"武舞"，武术既有相击形式的搏斗运动，也有舞练形式的套路运动。武术的套路运动丰富多彩，不同的套路具有不同的使用特点和技击方法，不同门派的套路风格和特点也不尽相同。

武术的第三个特点是具有广泛的适应性。武术的内容丰富多彩，不同的武术类别会运用不同的器械，其动作结构、技术要求、运动风格也都有不同的特点。所以，不同年龄、性别、体质、职业和爱好的人，可以根据自己的实际情况选择适合自己的武术活动，如军人经常练军体拳，这对于锻炼军人的意志有一定作用。

拿

武术中的"拿"与我们生活中所说的"拿"的意义有所区别。武术中的"拿"多指擒拿、抓取，用强力捉住，包含着一定的力度、速度，并且需要讲究一定的手法和技巧。

劈挂拳

格斗

　　格斗是指具有攻击、防御、闪躲等技法的武术类运动。它的根本目的，就是最快、最狠、最有效地击毙对手。

军体拳

　　军体拳是由拳打、脚踢、摔打、夺刀、夺枪等格斗动作组合而成的一种拳术。部队经常开展军体拳训练，对培养军人们坚强的意志品质、顽强的战斗作风，具有重要意义。

25

寓技击于体育之中

太极拳表演

　　技击性是武术的核心，武术的健身功能、竞技功能和表演功能得以实现的基础就是以技击性为原则而形成的各种技术动作。

　　武术作为军事训练的重要手段，它的技击性是第一位的。军事训练中武术的目的在于制服、杀伤对方，往往运用最直接、最有效的技击方法，迫使对方失去抵抗能力，例如格斗术就是军事训练的重要内容，它的目的就是最有效地制服或击毙对手。

　　武术作为一种体育运动，以技击为核心，在技术上与军事训练的武术是基本一致的。但作为体育运动，是从体育观念出发，并将技击与套路运动相结合，以不伤害对方为原则。加上一些武术活动严格规定了击打部位，并配备了一定的防护护具。因此可

以说，武术运动具有很强的攻防技击性，但又与实用技击有所区别。这样，武术既保留了技击的特点，又发展了其竞技对抗性，做到了寓技击于体育之中。

技击

技击是指在武术实战中进行搏杀的技能，它要求手法、腿法、步法、身法、功法、心法等方面的综合运用，可以分为徒手技击和器械技击两大类。

军事训练

军事训练是包括军事理论教育和作战技能教练的活动。军事训练通常分为部队训练、院校训练和预备役训练三种类型。

击打部位

击打部位是指在武术竞技比赛中，某种武术类型所规定的人身体上的攻击范围。在竞技比赛中，一般有效的击打部位就是得分点。

形神兼备的民族风格

中国的武术讲究"内外合一、形神兼备"。这里的"内",指的是心、神、意、气等内在的心志活动和气息运行;"外",指的是手、眼、身、步等外在的形体活动。武术运动中,无论哪种类型的拳术和器械,都强调内在的意念气息与外在的肢体动作相统一。比如,长拳主要强调手、眼、身、步、精神、气、力、功,即手法、眼法、身法、步法、精神、气息、劲力、功夫八个方面的协调练习。又如,形意拳则要求"心与意合,意与气合,气与力合","手与足合,肘与膝合,肩与胯合",统称"六合"。再如,南拳则要求"内练心神意气胆,外练手眼身腰马"。

总之,所有的武术都要求眼到手到、形神兼备和内外兼修,这也是中国武术的传统风格。再加上中国武术受古代医学、美学、哲学等方面的文化渗透,渐渐形成了中国武术所独有的运动特色和民族风格,从而使武术成为中国传统文化的重要组成部分。

长拳

长拳是中国拳派之一。现在的长拳是近三十多年来发展起来的拳种,它是在查拳、华拳、洪拳、少林拳等拳种的基础上,根据其风格特点,综合整理创编而成。

少林武术

形意拳

　　形意拳又称心意拳、心意六合拳等，是中国的传统武术，发源于山西太谷。形意拳的风格简洁朴实，动作严密紧凑。

南拳

　　南拳又称为湖南南拳，是南少林等拳种与湖南地方拳种相结合的产物。南拳的历史较为悠久，主要特点是套路短小精悍，结构紧凑，动作朴实，手法多变，技击性强。

身体素质

身体素质通常指的是人体肌肉活动的基本能力，是人体内各个器官的机能在肌肉工作中的综合反映。其具体内容主要包括力量、速度、耐力、灵敏性、柔韧性等。

一方面，无论选择哪一类型的武术活动都需要习武者具备一定的身体素质，并掌握扎实的武术基本功。但是不同的武术种类对练习者的身体基本素质也有着不同的要求。例如，剑术的很多动作和技巧需要手腕翻转才能实现，要求手腕灵活且不失韧性，有力且柔和。又如，格斗训练要求练习者的弹跳力、爆发力和抗击打能力强。

中华武术

另一方面，练习武术还能提高习武者的身体素质。武术训练的各种动作，使身体的各个部位得到相应的锻炼，有助于发展人体的力量、速度、耐力、协调性、灵敏性等素质，对于改善和增强体质有着积极作用。所以武术的传播和发展不仅弘扬了中华武术精神，而且可以提高国民的身体素质。

肌肉

肌肉是人和动物体内的一种组织，由许多肌纤维集合而成，分布在各组织器官及骨骼表面，人体总共有700多块肌肉。

爆发力

爆发力指的是人体内不同肌肉间的相互协调能力、力量素质以及速度素质相结合的一项人体体能素质。爆发力按时间可分为高爆发力、中爆发力、低爆发力。

耐力

耐力指的是人体对紧张体力活动的耐久能力，是人体长时间进行持续肌肉工作的能力。耐力包括肌肉耐力和心血管耐力两大方面。

武术的适应性

健身

广泛的适应性是武术的重要特征之一。

首先，武术的种类十分丰富，武术的分类方法也多种多样。以拳术为例，我国的武术拳种有100余种，每   拳种又有各自的不同风格。人们可以根据自己的喜好和能力去选择适合自己的武术类别，加以练习。

其次，武术的器械也是多种多样的。有些武术活动如剑术、棍术需要有相应的器械；有些武术活动如拳术等，则不需要器械，徒手便可练习。使用不同的器械的武术也有不同的动作和技术要求，人们可以结合自己各方面的实际条件去选择。

再次，武术受时间、季节的影响较小，室内、室外均可以练习，一般对场地的要求也并不严格，民间就有"拳打卧牛之地"

的谚语。

所以，无论男女老少，均可以找到适合自己的武术活动进行练习，例如武术操在中小学中就已经得到普及。武术广泛的适应性，是开展群众性体育活动的前提和基础，也是武术能够在几千年来得到继承和发扬的保障。

武术的分类方法

中国武术如同浩瀚大海，门派种类层出不穷，它的分类方法主要有：按姓氏划分、按拳术特点划分、按地域范围划分、按山脉划分、按时间划分等。

拳打卧牛之地

"卧牛之地"本意是牛卧下所占的面积，形容面积较小。"拳打卧牛之地"，意思是一些拳法对场地的要求不严，很小的空间里也依然可以练拳，打出漂亮的拳法。

武术操

武术操把武术基本功练习与节拍体操结合起来，简单易学，运动量比广播体操要大，并且有优雅的音乐伴奏，对于提高学生的身体素质有着积极作用。

套　　路

　　武术中的套路，又称为"套路运动"，指的是一连串含有技击和攻防含义的动作组合。它以技击动作为素材，以攻守进退、动静疾徐、刚柔虚实等矛盾运动的变化规律编成整套练习形式。套路可以锻炼身体的柔韧性、灵活性、协调性、平衡性、力量、耐力等。

　　套路是中国武术中的一种独特形式，也是区别于其他武术的一大技术特征。中国武术各个种类或派别都有各自相应的套路，并表现出不同的特色。而且套路大多是有层级的，讲求循序渐进。在同一种武术活动中，刚入门的学者的练习套路与掌握基本技巧的学者的学习套路是不同的，需要区别对待。

推手

武术的套路一般都是历代武术学家不断实践、潜心研究、总结经验而形成的精华成果，是武术中的精髓。套路练习不能急于求成，而应该仔细揣摩和领会套路中的深刻内涵，把握套路的节奏，这样才能达到内外兼修、形神兼备的境界。

柔韧性

柔韧性是身体健康素质的重要组成部分，它是指人体关节活动幅度以及关节韧带、肌肉、皮肤和其他组织的弹性和伸展能力。

协调性

协调性是指运动过程中身体各部分的配合及身体与空间、物体移动的配合度。协调性训练是一种强化训练，所以在准备期与锻炼期中，要打好基础。

套路的节奏

武术套路的演练重视动静节奏的运用技巧，一方面要注意身体运动表面的动静变化，同时也强调人的身体和心灵内外的动静变化，从而达到内与外、动与静的平衡与和谐。

攻　　防

　　攻防指的是武术技击活动或行为中的攻击和防守。攻防是中国武术的重要组成部分。武术无论是用于军事斗争实践，还是现代体育运动，或是以搏击的方式出现，都离不开武术的攻防。

　　技击中的攻防要求双方具备熟练的武术基本功。比如，身体要灵活。只有身体灵活，在技击中一招一式才能够及时转换，运用自如。又如，动作要协调。技击一般都遵循一定的套路，尤其是在竞技比赛中。所以在按照套路对练时一定要做到动作协调，不能够胡乱出招。再如，动作要迅速。攻防练习，重在抢占先机，所以谁的速度快，谁就处于优势。动作缓慢的人往往来不及防守，就已经在对手的攻击下输掉了。

　　武术技击讲究一攻一防，你攻我防，如果一方防守失败，就输了。所以要想在武术活动中取得胜利，必须掌握一定的攻防技巧。不同的武术活动，攻防的技巧也有所区别，例如在太极拳的演练中，防要多于攻。

攻击的技巧

　　一是要主动攻击，当进攻使对手失掉重心或露出空当之际，要不停顿地运用技术继续猛攻。二是要防御反击，在防守时以最快的速度运用技术对对手进行反击。

推手

防守的技巧

一是把握好时机，在对手攻势之发而未到之时进行防守。二是要保持好距离。距离太小，不能脱离对手的打击范围，仍会受到攻击；距离较远，反击则打不到对方。

太极拳中的攻防

太极拳的攻防有它的独特风格，比如"以静制动，后发制人"、"以圆取方"、"以柔克刚"等，这些是太极拳攻防遵循的原则，偏于防守。

对　　练

武术对练

　　对练是中国武术项目之一，是在各种武术单练项目的基础上，由两人或两人以上按照攻防格斗规律和预先编排好的套路进行的假设性实战练习。对练要求做到动作熟练、方法准确、配合协调。对练有助于提高运动技术水平，培养机智、勇敢和协作的精神。武术对练主要包括徒手对练、器械对练、徒手与器械对练。

　　武术对练在技术编排方面有四项基本要求：一是要攻防合理。对练必须要根据对方的进攻方法来防守，并且只能在对方做出进攻动作时才能进行防守和还击。二是要招式准确。武术对练套路是象征性的技击，而不是生死搏杀，所以在对练中要

注意动作的准确性，不要伤害对方击打部位以外的部位。三是要节奏一致。对练双方必须配合默契，一招一式，一攻一防，这样动作才能协调流畅。四是要距离适当。对练中的肢体动作需要足够的空间才能施展，所以对练双方之间的距离要根据实际需要加以把握。

徒手训练

对练双方在相同拳种的单练基础上，运用各种身法、手法、腿法等，按照进攻、防守、还击的运动规律编排对练套路。对练类型主要有长拳对练、太极拳对练等。

器械对练

对练双方可以持相同或不同的器械进行攻防练习。不同器械的对练所要求的技法各不相同。对练类型主要有单刀进枪、扑刀进枪、双刀进枪等。

徒手与器械对练

对练中一方徒手，另一方持器械进行攻防对练。徒手与器械对练要求双方运动员都要较好地掌握徒手、器械的基本技术。对练类型主要有空手夺枪、空手夺棍、空手夺刀等。

集体演练

  集体演练是武术的另一种项目，指的是集体进行的徒手演练、器械演练或徒手与器械演练。集体演练在竞赛中通常要求队员有6人以上，在演练时，要动作熟练、队伍整齐、布局匀称，在演练中可变换队形、图案。例如，在太极拳集体演练时可以将队形变成太极图的图案或展翅翱翔的飞鸟图案，使演练更具艺术观赏性。表演时也可用音乐伴奏，这样可以使动作更有节奏感，同时也有利于在变换队形和队列时做到步调一致、整齐协调。

  集体演练要求每位队员熟练掌握武术基本功，牢记所表演运动的套路，做到动作娴熟、紧跟节奏，变换队形时反应要迅速、灵敏。在集体演练中，若一人失误即影响全局。因此，集体演练除了可以训练队员的身体素质和技术之外，还可培养运动员的协作精神、组织纪律性和集体主义观念。集体演练的主要类型有集体基本功表演、集体拳术表演、集体剑术表演、集体刀术表演、集体棍术表演等。

国际太极拳集体演练交流大会

  为弘扬太极拳文化，推广太极拳运动，2005年4月16日，在法国巴黎顾拜旦体育馆举办了首届国际太极拳集体演练交流大会，中国、意大利、比利时、法国等国家参与了大会。

棍术表演

太极拳集体演练

2009年8月8日，北京奥运会举办一周年，在北京奥林匹克公园庆典广场和景观大道上，33 996人共同进行了太极拳表演，创造了新的吉尼斯世界纪录。

集体拳术表演

2010年10月10日上午，河北沧州狮城公园广场，1.5万市民进行53个拳种大型群体武术表演，创同时展演中国武术拳种数量之最，打破了吉尼斯世界纪录。

传统武术

武当山

　　传统武术指的是在特定的民族文化背景下，在一定历史阶段产生的，并在历史发展过程中去除其糟粕，保留其精华，从而逐步发展成熟并完善起来的武术活动。传统武术是武术之源，是武术发展的基础。中国人民自古就有习武练拳的好传统，至今创编流行的拳种、门派、拳式不计其数，已具有相当大的规模。传统武术以攻防技击性为主要特征，可以分为传统拳类和传统器械类两大类。

　　传统武术萌生于中国传统文化的土壤中，是中华民族在长期的社会生产和生活实践中，逐渐创造和发展起来的一项具有中华民族特色的传统体育项目。中国传统文化孕育它成形，养育它成

长，并促进它不断地完善和发展。从整体上看，武术受到中国传统哲学思想的影响较多，并且与中医学、养生术等有着千丝万缕的联系。传统武术得益于深厚的民族传统文化的积淀和影响，处处体现着中华民族特有的气派和风格。传统武术是我国民族传统文化的重要组成部分，是中华民族的一份宝贵文化遗产。

中国传统哲学

　　中国传统哲学的基本问题是天人关系，天人合一是中国哲学特有的思维模式。中国哲学的精神是自强不息、实事求是、以人为本等。

中国传统拳类

　　中国传统拳类主要有长拳、查拳、华拳、炮拳、洪拳、少林拳、通臂拳、劈挂拳、翻子拳、太极拳、形意拳、心意拳、梅花拳、六合拳等。

中国传统器械类

　　中国传统器械主要有达摩剑、青萍剑、青龙剑等剑类，八卦刀、步战刀、朝阳刀等刀类，锁口枪、梨花枪、拦门枪等枪类，少林棍、奇门棍、盘龙棍等棍类。

现代武术

新中国成立以来，随着社会的不断进步和发展，武术运动也蓬勃发展起来。1956年，原国家体委将武术套路列为竞赛项目，使武术进入了现代竞技体育行列。

现代武术由中国传统武术进化而来，传统武术是历史留给我们的丰富而宝贵的文化遗产。现代武术在理论上继承了传统武术的优点，并广泛吸收了现代生物学、医学、教育学、心理学等理论知识，形成了较为完善的理论体系，成为具有时代特色的现代武术。现代武术具有现代化、科学化、系统化等显著特点。

现代武术以对抗性武术运动（散打、推手、短兵等）、竞技武术套路运动、大众健身武术、艺术武术等运动为主要表现形式。虽然现代武术仍然具有浓厚的中华民族传统特色，但为了推广的需要，参考西方体育的模式，改变了中国武术的某些技术特征。现代武术朝着高、难、美、新的方向发展，这样更有利于向世人展示中国武术的魅力，对武术的发展和国际化推广起到了积极的作用。

散打

散打是现代体育运动项目之一，指的是双方按照一定的规则，以踢、打、摔、拿等为主要的攻防手段而进行的徒手搏击、对抗。武术散打技术要求快、长、重、稳、无、活、巧。

太极拳表演

推手

　　推手指的是两人遵照一定的规则，使用扳、挤、按等手法，通过肌肉的感觉来判断对方的用劲，然后发劲将对方推出，以此决定胜负的竞技项目。

短兵

　　短兵与击剑类似。短兵的器械外形似中国传统宝剑，是以竹条、木棍、塑胶管等材料为内核，外围棉花、海绵等物，并用皮套包裹起来的器械。短兵训练不容易造成伤害。

竞技武术

　　竞技武术属于现代武术的范围，是指以练习竞赛武术套路为内容，以参加比赛为目的的武术项目和训练。竞技武术属于高水平武术竞技，是为了最大限度地发挥个人运动潜能和争取优异成绩而进行的武术训练竞赛活动。它的特点是专业化、职业化、高水平、超负荷、突出竞技性。

　　中华人民共和国成立后，竞技武术于20世纪50年代后期正式出现，在国家的倡导和全国各界人士的推动下，武术运动竞赛进入了发展时期，各项赛制逐步建立和健全，并走向规范化发展的道路，现在已经形成一个完整体系。竞技武术主要包括竞赛制度、运动队训练体制和技术体系三大部分，主要以套路、散打为

武术比赛

主要竞技内容的结构模式。国际竞技武术比赛有世界武术锦标赛、亚运会武术赛、洲际性武术比赛及区域性武术比赛、世界传统拳赛、散打比赛等。现代的竞技武术，无论是散打还是套路，都是中西文化结合的成功范例，是传统武术改革和创新的优秀成果。

运动潜能

运动潜能是指人的运动能力的潜在状态，也是人自身活动力量的内在源泉和动因。它是人自身存在的一种潜在状态。

武术成为竞赛项目

1956年，我国举行了12省市武术表演赛。1957年原国家体委将武术列为正式竞赛项目。1959年第一届全运会设有武术比赛，使竞技武术逐渐进入了现代竞技体育行列。

北京2008武术比赛

北京2008武术比赛是经国际奥委会批准，由北京奥组委、国际武术联合会主办，并由中国武术协会承办的赛事，共有来自世界五大洲43个国家和地区的128名男、女运动员参加比赛。

武　　　德

　　武德是武术工作者在从事武术教学、训练、竞赛等活动中应该严格遵守的行为准则和道德规范。我国武术界历来有尚武崇德的优良传统，"武以德立"、"武以德先"。中国传统的武德主要有"尊师重道，孝悌正义"、"扶危济贫，除暴安良"、"虚心请教，屈己待人，助人为乐"、"戒骄奢淫逸"等。另外，还有各门派自己的门规，例如"少林十不传"、"心意六合拳四不传"。

　　随着时代的发展，武德的具体内容也有了一定的改变。传统武德中的部分内容已经不适应当今社会的需求，如"扶危济贫，除暴安良"应该是国家政府部门的职责，并不是任何个人或团体可以任意实施的，否则很可能会触犯法律。又如传统

中华武术

武德中的一些江湖义气、迷信思想，都是我们应该摒弃的。所以我们要选择性地继承传统武德中合理的成分，树立新的武德观。重视武德是武术发展的先决条件，是培养社会所需的文武双全、德智体全面发展的新型人才的先决条件，也是维护社会安定的重要条件。

武德守则

热爱人民，精忠报国；弘扬武术，以德为先；崇尚科学，求实创新；强身健体，文武兼备；遵纪守法，伸张正义；维护公德，尊师爱生；爱岗敬业，勤学苦练；团结友爱，谦虚谨慎；诚实守信，知行统一；仪表端庄，礼貌待人。

少林十不传

人品不端者不传，不忠不孝者不传，人无恒心者不传，文武不就者不传，借此求财者不传，俗气入骨者不传，市井刁滑者不传，骨柔质钝者不传，拳脚把势花架者不传，不知珍重者不传。

心意六合拳四不传

一是忤逆不孝者不传；二是贪财好色者不传；三是逞能欺人者不传；四是酒色之徒者不传。

武术五戒

普陀山

　　武术五戒指的是佛教的五戒。五戒是做人的准则，也是完善人格的基础。

　　一不杀生。杀生的人失去了仁慈之心。佛家讲究"生死轮回，因果报应"，所谓杀生者需要偿命，这样冤冤相报，无穷无尽。所以，佛家要求不杀生，并培养自己的慈悲之心。

　　二不偷盗。佛家的偷盗含义较广，即我们没有征得别人的同意，随便把别人的东西据为己有或移动了，就是偷盗。

　　三不淫邪。要做到贞良守礼，端正男女之间的关系。佛门的弟子，有出家修行和在家修行的分别。在家修行佛法的，夫妻要相敬如宾、和睦相处，成为美满家庭。

四不妄语。不要说谎话欺骗他人。佛家要求不能说谎骗人，而是要说实话，说心里所想的真话。

五不饮酒。酒醉就会令人神志不清，所以一切酒都不可以喝。喝酒本身没有罪过，但是酒醉之后会做出杀盗淫妄之事，所以不饮酒，也就防止触犯前四戒。喝酒还会影响健康。

五戒与五常

五常是中国的传统道德。五戒与五常是相对应的，"不杀生"是"仁"，"不偷盗"是"义"，"不邪淫"是"礼"，"不妄语"是"信"，"不饮酒"是"智"。

五戒与五伦

五伦就是古人所说的父子有亲、君臣有义、夫妇有礼、长幼有序、朋友有信五种人伦关系。五伦关系分别对应五戒中的不杀生、不偷盗、不淫邪、不饮酒、不妄语。

五戒与五行

五行是中国古代的一种物质观，指金、木、水、火、土。五行与五戒也相对应，金对不偷盗、木对不杀生、水对不饮酒、火对不淫邪、土对不妄语。

武术十禁

这里的武术十禁指的是少林武术中的习武十禁。

一禁叛师。要尊敬老师，不可以背叛师父。

二禁异思。要在师父的指导下专心练习，不可以敷衍了事、见异思迁，要立志成功。

三禁妄言。待人做事，都要忠厚、诚恳，不可以说一句假话。

四禁浮艺。对待武功要精益求精，有恒心，必须上进，不可以半途而废。

五禁偷窃。在生活中必须严守法律和道德，不占别人便宜，也不偷盗别人的东西。

六禁违戒。要遵守本门的戒律，不可违犯戒律。

七禁狂斗。不可以肆意打斗。

八禁抗诏。要忠于国家，在国家危难之时，要随时听从国家的召唤，响应国家的号召，保卫国家，决不能违抗国家的命令。

九禁欺弱。在生活中要尊老爱幼，不欺负年迈体弱者和妇女儿童。

十禁酒淫。要做到作风正派，不饮酒闹事，不淫邪妇女。

以上十禁主要针对的是少林派的习武者。另外武术训练有着最基本的原则，而且不同派别在武术训练上也有着不同的禁忌，比如太极拳、车式形意拳等都有不同的训练禁忌。

少林寺山门

少林派

　　少林派是中国武术中流传范围最广、历史最长、拳种最多的武术门派，因源自于中岳嵩山的少林寺，故名。少林派素来被称为武林第一门派，号称中原武林的泰山北斗。

太极拳禁忌

　　一忌串门走户；二忌杂拳同练；三忌过急速成；四忌过火求功；五忌松散无力；六忌僵硬练力；七忌突击使招；八忌轻浮奇舞；九忌心杂多言；十忌神不守舍。

车式形意拳的练拳禁忌

　　车式形意拳的练拳禁忌主要有：不信没有实例、难以检验的丹道之言，不练脱离外形技击使用的内功，不追求特异功能，不长时间练静功等。

夏、商、西周时期的武术

青铜戟

　　夏、商、西周是中国历史上的奴隶社会时期，此时具有独立形态的武术出现了，并且在奴隶主或贵族之间频繁的战争中得到迅速发展。

　　夏代自建立之后，战争一直不断，促进了武术活动的发展。一方面，军队中的武术训练内容逐渐规范化。另一方面，夏代比较重视武术教育，出现了教武术的学校。

　　商周时期青铜武器大量出现，并得到了广泛的应用。当时的兵种有车兵和步兵之分，但作战时是以车战为主的，车战时的武器主要有弓箭、矛、戟等。西周时期，武术已经是学校教育中的重要内容，尤其重视教授射艺技能。

　　据史料记载，商周时期的军事训练中已经有了运用于实战的军事格杀技能。此时，武舞也渐渐成为一种军事训练的手段，如周代的"大武舞"、"象舞"、"万舞"等舞蹈形式。另外，商

周时期仍然保留着原始社会人与兽搏斗的遗风，并且出现了人与人的搏斗，徒手搏斗技能得到了发展。

奴隶社会

在奴隶社会，奴隶主拥有奴隶，劳动力以奴隶为主，无报酬，且无人身自由。奴隶制社会有利于社会生产规模的扩大和生产率的提高，为社会进一步发展创造了条件。

车战

车战是商周时期战争的主要战法。其基本作战单位是乘。一乘大致包括1辆战车、4匹马、车载的3名战士和3套武器，并有步兵15人分别在车的两边。

武舞

武舞是源于原始社会的一种舞蹈的形式，主要是对战斗场景的模拟再现。舞者手持兵器做击、打、劈、刺等动作。商周时期，武舞逐渐用于军事操练，有了武术训练的性质。

春秋战国时期的武术

　　春秋战国时期是我国奴隶社会向封建社会转变的时期，诸侯争霸，战争不断。社会政治、经济、文化都发生着深刻的变化，这对武术的发展产生极大影响。武术具备了初始形态，开始成为人类文化的一部分。当时各国都重视技击术在战场上的应用，军队的训练也有了新的发展，在规模、形式和内容上都远远超过了商周时期。练习的内容主要是以技击为主的攻防格斗练习。此时，武舞已经失去攻防意义，逐渐向舞蹈转化。

　　春秋战国时期，冶炼技术的进步，促使铁制兵器出现并逐渐代替了铜制兵器。兵器在形制上也有所变化，长兵器明显变短，重量减轻；短兵器由短变长，突出利刃的作用。武器的种类向多样化发展的同时，武术也有了进一步的发展，其中剑术的发展达到了鼎盛时期。

　　此外，武术的体育性质也逐渐被人们认识，武术理论逐渐构建起来。武术在民间广泛流传，徒手搏斗技能得到了发展。

封建社会

　　封建社会是以分封制定义的一种社会制度。在这种社会中，土地归地主阶级所有，地主阶级是封建社会的统治阶级。我国的封建社会始于春秋战国，至清朝灭亡结束。

青铜剑

剑术盛行

　　春秋战国时期，剑术的发展进入了鼎盛时期。尤其是在南方的吴越之地，因河流纵横，战车难有用武之地，因此水兵、步兵成了主要的军种，剑也成为主要的装备。

武术理论的建构

　　春秋战国时期是文化大发展时期，私学兴盛，并有儒家、道家、法家、兵家等不同的学派。在这种文化背景下，人们从习武实践中总结各种武技经验，并逐渐形成理论。

秦代的武术

青铜匕首

　　战国时期的秦国已经逐步建立了一套专制主义的中央集权的政治制度。在军事上，秦国为了统一全国，对士兵的训练较为严格。秦灭六国后，又相继发动了一些对匈奴、闽越等周边地区的战争，军事武术得到极大发展，秦军的武器和装备也随之不断地得到改进。军队中使用的兵器样式多种多样，尤其是使用了在当时算得上先进的武器——弩。所以，秦的军事武术训练是卓有成效的。

　　秦完成统一后，秦始皇为了巩固中央专制统治，曾下令将民间的兵器聚集在咸阳，加以销毁，防止六国贵族和人民反抗。这使得原来民间的兵器武艺活动受到了影响，客观上限制了民间的练武活动，但是却促进了一种新的武术徒手对抗项目——角抵的盛行。角抵是由春秋战国时期的角力发展而来，主要用于娱乐。当时的角抵不仅在民间盛行，而且逐渐成为宫廷的娱乐项目。

　　秦代还出现了新武器，如铁锥、匕首等，逐渐取代青铜武器。

弩

　　弩是古代兵车战法中的重要组成部分。它是一种装有臂的弓，主要由弩臂、弩弓、弓弦、弩机等部分组成。弩比弓的射程更远，杀伤力更强，命中率更高。

角抵

　　角抵是中国古代的一种竞技类活动，比赛双方用"相搏"中的摔法凭体力摔倒对方来分胜负。秦时，徒手搏斗的角抵在民间十分盛行。

匕首

　　匕首是指短剑或狭长的短刀。原始社会时就有石匕首，后有青铜和铁制的匕首。"匕"是古人用的勺、匙之类的取食用具，因一类短剑形态类似于"匕"，故名。

汉代的武术

汉代是武术的大发展时期，在宫廷的酒宴中常出现剑舞、刀舞、双戟舞等单人的、对练的或集体舞练的套路运动。徒手的拳术表演和比赛也深受统治者重视，出现了"武艺"这个名称，武艺是徒手或器械进攻、格斗与套路的总称。

汉代拳术除了"防身杀敌"、"以立攻守之胜"的实用之术外，还出现了观赏性和健身性的象形舞，如"沐猴舞"、"狗斗舞"、"醉舞"，还有"六禽戏"、"五禽戏"等，这些均可视为早期的象形拳术。两汉时期，汉和匈奴发生过多次战争。汉初统治者为了抵御匈奴，鼓励边民习武，大大促进了民间的练武活动。在与匈奴的战争中，骑兵开始作为军队的主力。相应的，有利于骑兵作战时使用的刀也逐渐受到重视，而剑的军事地位有所下降。另外，汉代还注重吸收游牧民族的骑射技艺，加强了中原地区和少数民族的武术交流。

汉代较为重视射艺，分为弩射和弓射两种。并且涌现出了许多射艺的高手，著名的有西汉时期被称为"飞将军"的李广。

武艺

武艺相当于现在的武术。在中国历史上，武术的名称不尽相同。如春秋战国时称"技击"，汉代称"武艺"，清朝称"武术"，民国时期称"国术"。

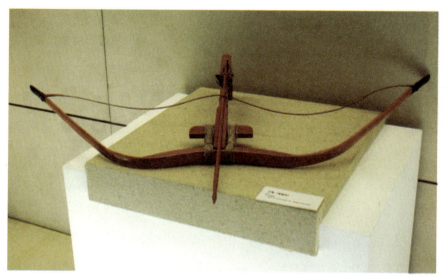

弩

匈奴

匈奴是古代的一个游牧民族，大部分生活在戈壁大漠。秦朝时，曾被逐出黄河河套地区。汉朝时，匈奴称雄中原以北地区，并多次进犯汉朝，后降汉。

李广的射艺

李广是西汉的将军，武艺超群，尤其以射艺出名。唐代诗人卢纶的诗《塞下曲》写道"林暗草惊风，将军夜引弓。平明寻白羽，没在石棱中。"赞扬了他高超的射艺。

两晋南北朝时期的武术

　　两晋南北朝时期是一个分裂割据的动荡时代，由于各民族的大融合，文化交流出现了空前的盛况，武术也受到了一定程度的影响。长期的战争，促进了军事武术的发展。而民族文化的相互融合和影响，又促进了武术内容的扩展。从两晋开始，各种战争日益频繁，各民族都注重武器装备，尚武之风也较浓，两晋南北朝实行府兵制，选士兵时对武艺有很高的要求，对武术的技巧、速度、耐力等都有要求。当时还出现了妇女尚武的情况。

　　中国古代的角抵活动，到了晋代，开始称为"相扑"，并且非常盛行。两晋南北朝时期，相扑在宫廷贵族中十分盛行，但当时宫廷的相扑活动具有较强的攻击性，通常会置对方于死地。

　　两晋南北朝后期，儒、道、佛逐渐合流，玄学逐渐兴盛起来，官僚贵族们迷恋奢侈生活，追求长生不老之术，在一定程度

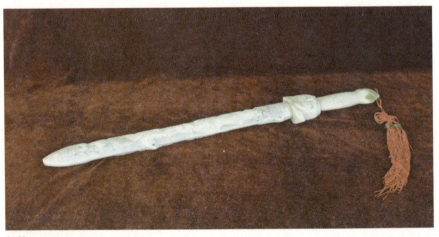

佩剑

上阻碍了武术的发展。如当时用木剑代替刀剑，使佩剑成为一种装饰，致使武术发展进入衰落期，发展相对缓慢。

民族融合

民族融合指的是历史上两个以上的民族，由于互相接近和影响，民族差别得以最终消失，相互融合成新的民族。民族融合对各民族之间武术的交流和发展也有一定的积极意义。

相扑

相扑是我国古代就有的一种类似摔跤的体育活动，秦汉时期叫"角抵"，晋代开始叫做"相扑"。相扑大约在唐朝时传入日本，现为流行于日本的一种摔跤运动。

玄学

玄学兴盛于魏晋南北朝，是道家和儒家融合而出现的，以老子和庄子思想为主的一种哲学、文化思潮。玄学注重《老子》、《庄子》和《周易》的研究和解说，所以玄学亦称为"三玄"。

隋唐五代时期的武术

长枪

隋朝结束了魏晋以来的分裂局面，统一了中国。到了唐朝，中国封建社会进入了空前繁荣的时期。由于封建社会经济的发展繁荣，与两晋南北朝时期的停滞状态相比，可以说武术又重新崛起。这一时期是武术的大发展时期。隋唐时期，剑术逐渐脱离了军事实用性，逐渐向套路技术方面发展，表演的作用加强，剑舞盛行。又因为击剑有强身自卫的作用，民间练剑的人也较多，包括当时的一些文人，如诗人李白"学诗书，能击剑"。

此时，相扑也继续盛行，成为宫廷观赏娱乐的主要项目之一，在民间也非常盛行。唐武则天时，开始设立武举制。这种通过考试选拔武术人才的制度，促进了社会上的练武活动，并出现了教习武术的职业，民间武术蓬勃发展。隋唐末期的内乱外患以及五代时期的战乱，都推动了军事武术的发展。各种射艺和长枪术受到重视，陌刀开始广泛用于战场。武术进一步规范化。

五代

　　五代是五代十国的简称，是中国历史上的一个分裂时期。五代是后梁、后唐、后晋、后汉、后周；十国是前蜀、后蜀、吴、南唐、吴越、闽、楚、南汉、南平(荆南)、北汉。

武举制

　　唐武则天于长安二年（702年）设武举制，开创了以武入仕的道路。应试武举的考生来源于乡贡，由兵部主考。考试科目有马射、步射、平射、马枪、负重、才貌、言语等。

陌刀

　　陌刀是隋唐时期开始使用的兵器，属于长刀的一种，两面有刃，较重。陌刀是唐朝时步兵所持的重要的战争物资装备。至宋朝，陌刀衰落，并逐渐失传。

宋元时期的武术

少林拳

    宋元时期，由于不同统治阶级的尚武和禁武，武术的发展相对曲折。两宋时期，尚武的社会风气促进了武术的发展，并出现了"锦标社"、"英略社"、"角抵社"等练武组织，为武术的交流、传授和发展创造了有利条件。这时的武术已经有了固定套路。

    宋代已经开始出现许多靠武艺表演为生的专业艺人，表演项目有角抵、拳术、举重等。表演武术的女艺人称作"女飐"，经常表演对练项目。这标志着武术作为社会的娱乐活动，已经独立存在。

    元代，统治者为了防止人民反抗，取缔并严禁民间武术，只允许军队士兵开展武术训练，传统武术在士兵中有所保留。

但在元朝，汉族农民从来没停止过反元的武装斗争，无数次的农民起义又推动了民间武术的发展。元代的戏曲发展较为繁盛，武术被搬上舞台，出现"十八般武艺"。武术中的套路被舞台艺术化。宋元角抵活动越来越兴盛，当时角抵又称作"相扑"、"争交"、"角力"。

社

社最初的意思是土地神，也指祭祀土地神的场所。因为社是公众活动的中心，"社"渐渐成为地方基层单位。后来社也成为一种为了某种共同事业或目而结成的团体。

女飐

女飐指的是宋代进行武术表演的女性艺人，多是在正式表演开始前表演，利用武术套路曲折多变的特点来吸引市民观看。等市民围拢过来，女飐便退下，正式表演开始。

十八般武艺

十八般武艺的名称，始于南宋。十八般武艺的具体所指说法不一，一般是指刀、枪、剑、戟、斧、钺、钩、叉、鞭、铜、锤、抓、镋、棍、槊、棒、拐、流星锤共18种兵器。

明代的武术

明代是中国古代武术承上启下发展的重要历史时期。尤其是明代中期以后，民间武术活动空前活跃，呈现出蓬勃发展的气势。此时武术建立了完整的体系。明代，朝廷为抵御北方蒙古各部的入侵和倭寇在东南沿海的进犯，加强了军事训练，并出现了一些适应实战需要的训练方法和武技体系，如杨家枪、倭刀术等。

明代，拳术与器械的门类大量出现，拳术、器械都得到了发展。不同风格、不同流派的拳派林立，而且器械套路也更加丰富多彩，开始有势有法，有拳谱歌诀。这说明脱胎于军事格斗技术的武术，到明代已逐步形成以套路为主的运动形式，并远远超过对抗性运动的发展。

明代还出现了许多与武术相关的著作，具有代表性的著作有戚继光的《纪效新书》、程宗猷的《耕余剩技》等。这些著作记载了拳术、器械以及各个流派的武术动作和技术理论，有的还附有歌诀及动作图解，为后世研究武术提供了重要依据。

杨家枪

杨家枪，又称"杨家梨花枪"，相传是南宋末年红袄军首领李全的妻子杨妙真所创。明代，杨家枪名声非常大，被誉为最上乘的枪法，兵书《纪效新书》等均有所记载。

古代兵器

戚继光

　　戚继光是明代著名的军事家，领导过数十次抗倭斗争，成为中国历史上的民族英雄。戚继光的军事思想也很丰富，著有《纪效新书》、《练兵实纪》等武术理论著述。

程宗猷

　　程宗猷是明代著名的武术家，武术著作也颇为丰富，主要有《少林棍法阐宗》三卷、《蹶张心法》一卷、《长枪法选》一卷、《单刀法选》一卷，后合集为《耕余剩技》。

清代的武术

清朝铁背小弩

　　清代是继明代之后，我国武术蓬勃发展的又一个新的阶段，并且武术的发展远远超过了前代。

　　清代民间宗教和秘密结社盛行，习拳练武与宗教结社相结合，而且随着白莲教、义和团、太平天国运动的兴起，民间武术的内容不断丰富，极大地促进了民间武术的发展。民间武术的拳法和器械技术的种类大大超过了明代。清代武术流派繁多，较大的拳系有几十个，流行的套路也多达百余种。太极拳、八卦掌、形意拳、劈挂拳等著名拳种，也多在清代形成。清代开始形成了整体观的武术理论。而且民间武术注重与练气相结合，既练拳械

又练气功成为一种普遍现象。此时，我国民间武术已经发展为兼有强身健体、自卫御敌、娱乐表演等多种功能的运动项目。

鸦片战争爆发后，军队逐渐用洋枪、洋炮装备和训练。近代新式的枪炮代替了冷兵器。

八卦掌

八卦掌又称为八卦连环掌，是一种以掌法变换和行步走转为主的拳术，运动时纵横交错，分为八个方位，与《周易》八卦图中的卦象相似，所以称作八卦掌。

气功

气功是中国人所独有的，是一种以呼吸的调整、身体活动的调整和意识的调整为手段，以强身健体、防病治病、健身延年、开发潜能为目的的身心锻炼方法。

冷兵器

冷兵器是指不利用火药、炸药或其他燃烧物，在战斗中直接杀伤敌人、保护自己的武器装备。我国古代冷兵器的发展可以分为石器时代、青铜时代和铁器时代三个阶段。

民国时期的武术

　　民国时期，各派政治力量纷纷登上历史舞台，各种思潮之间进行着激烈的斗争。所以，这一时期的政治、经济、文化等的变化对武术的发展产生了影响。1928年，"中央国术馆"在南京成立，并相继建立了市级、县级的武术馆。国术馆系统组织了多次的武术竞赛，并颁布了武术考试调剂，使武术竞赛活动更为规范化。

精武园

　　民国时期，全国的大学、中学将武术列入学校体育课程，教授武术，武术正式进入学校，成为学校体育课程的一项内容。这一时期，拳技得到蓬勃发展，出现了许多拳术社、武士会、武术会。各个组织的规模大小不一，形式多种多样，竞争激烈，商业性较为明显，在一定程度上促进了武术的发展。其

中上海的"精武体育会"规模庞大，并在多省设立分会，对继承和发展武术起到了积极作用，期间也出现了霍元甲等武术名人。从中国武术发展全局来看，民国时期的武术有一定的进步，为中国当代武术的发展奠定了基础。

中央国术馆

1928年3月，张之江、蔡元培等人发起成立了"国术研究馆"，后来又改名为"中央国术馆"，颁布《中央武术馆组织大纲》，指出该馆以提倡中国武术、增进全民健康为宗旨。

精武体育会

精武体育会的前身是霍元甲于1910年成立的"精武体操学校"。霍元甲去世后，其弟子将其改建为"精武体育会"，以提倡武术、研究体育、铸造强毅之国民为主旨。

霍元甲

霍元甲是清朝末年著名的爱国武术家，他将家传的"迷踪拳"发扬光大，并曾创立精武体操学校，后发展为精武体育会。

服　　装

　　武术服装是练习武术时穿着的服装，一般指的是较为专业的武术服装。武术对服装并没有严格的要求，但武术学校和其他武术培训机构一般会统一提供武术服装。穿上武术服练武，是对武术文化的一种认同。如果只是平时个人练习时，也可以不穿非常专业的武术服装进行武术活动，但所穿着的衣服一定要宽松，要适合运动。

　　武术发展到现在，武术服装越来越讲究，并呈现出多样化的趋势。武术服装首先是运动型的服装，面料、款式必须适合武术运动，可用棉、麻、丝、绸、缎等面料。其次，武术服的设计可以体现一定的武术文化和民族特色，可以有不同规格的沿边、绸

太极拳表演

腰带、灯笼袖口、灯笼裤脚等。现代武术服装也有西式裤、短袖上衣等式样，或镶有不同色泽的装饰品。另外，通常武术的普通训练服较为朴素，而演出服较为华美。不同的武术类别所穿的武术服装有所区别，如太极服、南拳服、散打服等。

太极服

太极服又叫太极练功服。一般是按照中国民间传统服装样式制作，荷叶领，对襟盘扣，以白色或者黑色为主。有些制作精良的太极服会绣上太极图或其他图案。

南拳服

南拳套路短小精悍，技击性强。传统的南拳服装是黑色的，上衣为无袖装，给人以精壮勇猛之感，下衣为灯笼裤。另外，南拳服一般都有相配套的腰带束腰。

散打服

散打是中国的传统武术项目。散打运动量极大，所以散打服上衣一般是短袖或背心，下衣是短裤，给人一种充满活力的感觉。有些比赛中，选手也可以不穿上衣。

护　　具

　　武术运动中往往要用到护具，尤其是在一些现代竞技武术比赛中，护具是非常必要的，可以保护身体关键部位的安全。按照护具所防护的身体部位，可以将竞技武术中的护具分为以下几类：

　　护头。在武术比赛中，头部最容易受伤，首先要保护好头。护头多是以软皮革、海绵等材料制成，可以保护头部不受损伤。

　　护齿。护齿由乳胶或可塑性塑料制成，比赛或练习时含入口中，用上下牙齿咬住，它可以使牙齿不摩擦或不被击伤。

　　护胸。护胸以软皮革、人造革、海绵、帆布等材料制成，可以保护躯干，抗击减震。

　　拳套或手套。拳套或手套用柔韧光滑的羊皮制成，内衬有羊毛、鬃毛或兔子毛。

　　护裆。护裆以合金铝、海绵、软皮革、橡皮筋等材料制成，用于防护裆部，一般穿在短裤内。

　　护腿。护腿以帆布、硬牛皮条、松紧布等材料制成，可以保护小腿胫骨。

可塑性塑料

　　可塑性塑料是一种环保型绿色材料，该材料的拉伸、弯曲、压缩等性能好，并具有良好的加工性能，可采用注射、挤压、压制、层压等成型方法加工，成型周期短，生产效率高。

护具

鬃毛

　　鬃毛一般指在马、猪颈部的背侧生有的与其他部位不同的、较长的毛。鬃毛与人的毛发相比，长期不脱。鬃毛可以制成刷子之类。

胫骨

　　胫骨位于小腿内侧，是小腿上的两块长骨之一。胫骨的大小居人体第二位，仅次于股骨。胫骨对支持人体体重起着重要作用。

场　　地

不同的武术运动，比赛时的场地设置也不相同。

单练和对练项目比赛在地毯上进行。场地长14米，宽8米，四周内沿应标明5厘米宽的边线，周围至少有2米的安全区，在场地的两长边中间各做一条长30厘米、宽5厘米的中线标记。

集体项目的场地比赛在地毯上进行。场地长16米，宽14米，四周内沿应标明5厘米宽的边线，周围至少有1米宽的安全区。比赛场地的上空从地面量起，至少有8米的无障碍空间。两个比赛场地的间隔应该在6米以上。

武术套路比赛场地为平地或其上铺地毯。场地长14米，宽5米，沿四周内沿标明5厘米宽的边线。在两条长边的中点，各画

太极推手

78

一条与长边垂直的长30厘米的线段作为中线标志，线宽5厘米。散打比赛场地为木（或铁）制平台，高0.6米，呈正方形，边长8米。台面铺软垫，软垫上盖帆布。台面中心画直径为1米的阴阳鱼图案，边缘画5厘米宽的红色边线。另外还有太极推手比赛场地、长兵比赛场地和短兵比赛场地。

太极推手比赛场地

太极推手比赛场地是武术运动比赛场地之一，为铺有地毯的平地。场地长10米，宽8米，中央画一直径6米（以线外沿为准）的圆，圆内画一直径50厘米的中心点。各线宽5厘米。

长兵比赛场地

长兵比赛场地是武术运动比赛场地之一，呈长方形，长14米，宽8米。从长边中点画一平行于短边的中线，在中线两边各画一条距中线2米并平行于中线的准备线。

短兵比赛场地

短兵比赛场地是武术运动比赛场地之一，为铺有地毯的平地或铺帆布的软垫。场地呈圆形，直径9米，中央画直径20厘米的中心点。边线宽5厘米，场地范围以边线内沿为准。

武术器械

武术器械指的是练武用的器械。我国的武术器械主要由古代兵器演化而来。古代兵器除用于实战外，大多在其发展过程中用于演练、防身等。随着社会的不断发展，武术器械的种类日益增多，大致可分为短器械、长器械、双器械和软器械四类。

短器械主要有刀、剑、匕首等；长器械主要有枪、棍、大刀等；双器械主要有双刀、双剑、双钩、双戟等；软器械主要有九节鞭、双鞭、三节棍、流星锤等。

在现代武术中，为了适应武术竞赛的需要，对刀、枪、剑、棍等常用武术器械的长度、重量、硬度等都有规定。

如刀的硬度为刀身直立，自重下垂，不得有明显弯曲，应有一定弹性。剑的硬度为剑身直立，自重下垂，剑身不得弯曲。棍的长度为全长不得短于本人身高。棍中线以下任何部位的直径，不得少于如卜的规定：

成年男子：2.50厘米；成年女子：2.15厘米；少年男子：2.15厘米；少年女子：2.00厘米；儿童不受限制。

双戟

双戟属双器械。戟头有一月牙，中间戟头形似枪头，戟上悬有彩绸。双戟长1.3米左右，根据使用者体力而定。用时两手各执一戟。

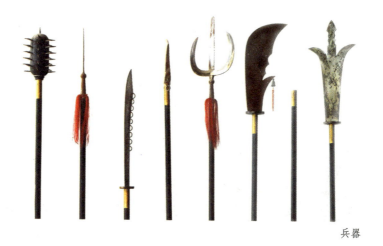

兵器

三节棍

三节棍属武术软器械之一。它由三条等长的短棍中间以铁环连接而成，又称"三节鞭"。三节棍全长等于习者直立，直臂上举至手指尖的高度。

枪的规格

枪的全长不得短于本人直立，直臂上举时从脚底到指端的长度，枪缨的长度不得短于20厘米。枪杆中线以下任何部位的直径的规定与棍相同。

刀

舞刀

　　刀是武术中最常用的器械，并且被列为十八般兵器之首。原始社会时期，石刀、骨刀等就已经作为生产工具出现，同时也是防御野兽的武器。中国殷商时期出现了青铜制作的刀。至春秋战国时期，铁制的刀出现。发展到汉代，刀成为战场上的重要作战兵器。刀在战场上可攻可守、灵活锐利，在战争中发挥了巨大作用。

　　刀一般都是由刀刃、刀背、刀尖、刀盘和刀柄组成。刀刃是刀锋利的部分。刀背是刀刃的对边，一般较厚。刀尖，是刀的前尖。刀盘是刀柄前面的圆盘，起到保护手的作用。刀柄是手所握的地方，刀柄尾端一般会设一个小环，用于系刀彩（刀把上系的彩绸）。刀的演练技巧主要有劈、砍、斩、扎、刺、挑等。

　　刀的种类非常多，按照刀柄的长短可以分为长柄刀和短柄刀。仅长柄刀就有大刀、朴刀、掩月刀、屈刀、眉尖刀、凤嘴刀、二郎刀、笔刀等多种。长柄刀属于武术长器械，演练时，需要双手持握。短柄刀一般有单刀、双刀、马刀、砍刀、九环刀等。短柄刀属于武术短器械，单手持握。

大刀

　　大刀又称"春秋大刀"，是武术长器械，古代长兵器之一，被誉为"百兵之帅"。大刀是兵器中的重武器，古时大刀重5千克以上。大刀可劈、可刺、可砍，杀伤力较大。

双刀

　　双刀是武术双器械，古代双兵器的一种。刀盘仅有一半，在双刀对合的一侧无刀盘，这样双刀方能合拢。另一侧为半个护手盘，双刀合并，似一刀。

朴刀

　　朴刀是武术长器械，古代长兵器之一。其刀身比大刀要长，刀柄比大刀要短。演练时，需要双手持刀，用法有砍、劈、刺、剁等。

枪

枪是中国古代兵器的一种，武术长器械之一，被称为"百兵之王"。枪是由古代兵器矛演变而来的。秦汉时期，矛的形状接近于枪。晋代铁枪开始出现。到了宋代，枪的使用已经很广泛。后来枪法的演变和发展也越来越繁盛。

枪由枪尖、枪缨和枪杆组成。枪尖长短不等。枪杆多用白蜡杆，也有用铁制的。枪杆不论什么材质，都必须与枪尖的重量比例合理，杆长则尖轻，杆短则尖重。枪的尺寸长短不一，名称也有所区别。大约180厘米长的称步下枪，约233厘米长的称花枪，约270厘米长的称中平枪，约4米长的称大枪等。

民间流传的枪法很多，主要枪法有拦、拿、扎、刺、缠、圈、扑、点、拨、舞花等。著名的流派有罗家枪、杨家枪、岳家枪这三大流派。枪法以拦、拿、扎为主，这也是枪的基本动作。扎枪时，要迅速、平正，直入直出，力达枪尖，做到枪扎一线。枪除了单练外，还可以和其他兵器对练。

枪缨

枪的枪头下大都系有一束红缨，长16～33厘米，须状。一杆长枪舞动起来，枪缨随之摆动，像是平地里腾起一团火焰，煞是好看。

大枪

　　大枪是长兵器的一种。大枪长度比一般枪要长，被称作"枪中之王"。因为大枪较难演练，习枪者较少，相关著作也较少。大枪的技术以拦、拿、扎、挑、索、扣等为主。

双头枪

　　双头枪又称"双头蛇"，属于武术长器械，古代长兵器之一。枪杆两端各装有一个枪头和一个枪缨。全长约等于本人身高，多用于双头双枪（双器械）练习。

钩镰枪

剑

　　剑是武术短器械，古代短兵器之一，被称作"百刃之君"。剑的构造，一般可以分为剑身和剑柄两部分。剑身由剑尖、剑刃和剑脊组成；剑柄包括剑格（护手）、柄身、剑首等。剑首系短穗，用于短穗剑术；剑首系长穗，用于长穗剑术。

　　剑最早出现在殷商之前。春秋战国时期，已经有铜锡合金剑，剑术理论得到发展。战国后期，铁剑出现，汉朝时击剑、佩剑盛行。隋唐时，剑形制作精致。宋代以后，击剑之风逐渐为剑舞所取代。

　　剑术有敏捷轻快、潇洒飘逸、灵活多变的特点。剑术根据其练法特点可以分为双手剑、长穗剑、反手剑等。在现代竞技武术中，武术剑重（包括剑穗）为：成年男子不轻于0.6千克；成年女子不轻于0.5千克；儿童、少年的剑重不受限制。当剑尖触

清朝冷兵器鸳鸯剑

地、剑身垂直，不加外力自然弯曲时，剑尖以上20厘米处至地面垂直距离不小于10厘米。

双手剑

双手剑的剑身、剑柄都较长，练时双手握剑，气势恢宏，刚劲有力，挥舞起来，身剑合一。剑法以击、刺、格等为主。

长穗剑

长穗剑指的是剑后配有长穗的剑。练时身随步动，剑随身行，穗随剑舞，潇洒豪放。剑法以穿、挂、云、撩等为主。

反手剑

反手剑指的是反手握剑（剑身位于小指外侧），舞出各种剑法，风格新颖别致。但对腰、肩、手腕等身体部位的柔韧性和灵活性有很高的要求。

戟

戟是一种中国独有的古代兵器，是武术长器械，古代长兵器之一。在十八般武艺中占有重要地位。戟是以矛为主体，并在矛的基础上结合戈的优点而创制的武器，杀伤力比矛要强。

戟在殷商时期出现，春秋时期，成为常用的兵器。三国时期，戟的种类也逐渐增多，并有"辕门射戟"的典故流传。魏晋南北朝以后，戟在战场中作战的功能逐渐消失，但在民间却成为了演练的器械，作表演、健身之用。戟头由月牙刃、矛头和横寸组成，横寸长约6.6厘米，用于连接月牙和矛头。矛头略高于月牙刃。戟杆由杆身和尾尖组成，戟全长约264厘米。古代的戟多为青铜制作，后为铁制。

戟的种类很多，有长戟、手戟、双戟等。长戟中有左右对称两个月牙刃的称"方天戟"，一侧有

方天画戟

月牙刃的称"青龙戟"。戟的形制多样，练法也各有不同，常见的动作主要有剁、刺、探、压、带、钩、拦、钻、挂等。运戟灵活多变，刚柔相济。

方天画戟

方天画戟是古代兵器名称，是方天戟的一种，因戟杆上有彩绘装饰，故称作方天画戟，又称作画杆方天戟。在历史上，方天画戟通常作仪式摆设之用，较少用于实战。

青龙戟

青龙戟是中华武术传统的兵器，只有一侧有月牙刃。青龙戟杆上一般画有盘龙，栩栩如生。演练时青龙戟如一条龙，张牙舞爪，威力无穷。技法有劈、挂、拦等。

辕门射戟

辕门射戟这个典故最早见于《三国志·吕布传》。故事讲的是三国时，袁绍意欲攻打刘备，吕布以射中画戟为交换条件。最终，吕布以高超的技艺平息了一场战争。

斧

　　斧是武术器械之一。斧大概在原始社会时期就存在了，多为石斧，用来狩猎或防御。殷商时期，出现铜斧，此时铜斧不仅在军事上使用，而且一些做工精美的斧还作为仪仗之用，成为礼仪兵器。周代刀和剑兴起，斧不再作为主要兵器，用斧的人相对较少，多用于伐木砍柴，而且还作为一种斩杀罪人的刑具。历代以来均有使斧之人，也用于军事活动。

　　斧刃成扇形。斧背成长方形、正方形或凤尾形。斧背有孔，斧柄穿插其中。头长约26厘米，刃宽约13厘米。斧有短柄斧和长柄斧之分。短柄斧属短器械，长柄斧属长器械。短柄斧多用于双器械练习。短柄斧柄长约82厘米，长柄斧柄长约264厘米。

　　斧舞动起来，动作粗犷、豪放、勇猛，可以展现出使斧者的威武雄姿。斧的主要用法有劈、砍、剁、砸、抹、搂、截等。由于斧演练起来较为笨重，很多套路已经失传，所以在武术界很少见。

板斧

　　板斧是短斧的一种。斧头刃阔约17厘米，双面开刃，颈长27厘米，尾厚刃薄，形状扁宽，柄长约1米。一般为双斧并用，《水浒传》中的黑旋风李逵使用的就是两把板斧。

金蛇斧

三板斧

　　三板斧是古代长兵器的一种，又名"马战斧"，相传为唐朝的大将军程咬金所用。三板斧刃宽17厘米，柄长233厘米，用法有劈、砍、剁、搂、截、撩、云、片、推、支等。

大斧

　　大斧的斧头较重，柄长约333厘米，斧头有铜制和铁制两种。斧头一面有刃，刃宽约27厘米，尾部厚而窄，并带有突出向下弯曲的尖角。

钺

青铜钺

　　钺是中国先秦时代的兵器，跟斧相像，但比斧要大。钺大约出现于殷商和西周，由青铜制作而成。春秋战国时期，钺在实战中的地位大大下降，较多的用于仪仗，或用作刑具，或用作装饰，象征军权。商周时期，钺作为仪仗礼器使用时，多为王者专用。君王用钺，象征王权。古代国王把青铜钺赏赐给大臣，有赋予军权和征伐权之意。钺不是普通氏族所能享有的。历史上还出现过黄钺，即由黄金装饰的钺，用作帝王仪仗礼器，以示威严。

　　钺的形制跟斧差不多，但比斧头大将近1/3，杆长约50厘米。钺杆末端有钻。钺在斧头上有一个突出的长约20厘米的短矛。所以钺使用起来，像斧、矛、枪三者合用。钺的基本技法主要有砍、劈、剁、刺、搂、抹、钩、云、片、斫、撩等。钺根据杆的不同，可以分为长杆钺和短杆钺。

斧和钺的区别

　　斧、钺二者形制相似，都是长兵器。区别在于钺比斧要大，在古代多用作礼兵器，现在不多见；斧则是一种用途极广的实用工具，在现代社会中仍然有一定的用途。

假黄钺

　　黄钺为帝王所用礼器；假，是借用、利用的意思。假黄钺就是帝王把钺借给大臣，即让大臣代表自己行使征伐之权。魏晋南北朝时，重臣出征往往加有假黄钺的称号。

子午鸳鸯钺

　　子午鸳鸯钺是武术短器械，八卦门专门器械之一。它前后左右皆是刃尖，共有四尖八刃，非常锋利。子午鸳鸯钺小巧玲珑，使用起来变化多端，利于近战，以短取长，专破长兵利刃。

钩

  钩是武术器械之一，古兵器之一。钩由戈演变而来。春秋战国时期，戈、钩、戟并用。钩的形状和戟相似，只是戟上边为利刃，钩上边是一线钩形，所以称作钩。

  钩包括钩端、钩尖、钩口、钩脊、钩自身刃、钩直身背刃、月牙刃、月牙背刃、月牙尖、钩寸（横梗）、钩柄、钩钻、钻尖一共13个部位。它可单练，也可以对练。

护手钩

  钩是一种多刃的武术器械。它的技法有钩、搂、掏、带、托、压、挑、刨、挂、架等。演练时起伏吞吐如浪式。因为钩多刃，所以演练时不可以有"缠头裹脑"的动作，以免伤害到自己。武术用的钩有单钩、双钩、飞钩、鹿角钩、虎头钩、护手钩、挠钩等。有些钩是因为钩的形式而得名，例如鹿角钩的钩身有叉，形如鹿角，所以

叫做鹿角钩。钩的演练套路主要有查钩、行钩、十二速钩、梅花虎头钩、雪片钩、卷帘钩等。

飞钩

飞钩是古代兵器的一种，形状像鹏鸟的脚趾，所以又名"铁鹏脚"。飞钩有4个尖锐爪钩，用铁链系之，再续以绳。用时可出其不意地投入敌群中，据说一次可钩取2或3人。

虎头钩

虎头钩是一种短兵器。其钩身像剑，前端有钩，称为钩头；后部如戟，尾同剑尖，称作钩尖；双护手似镰，称为钩月。整个钩体除把手外，四面均有锋刃，较难习练。

绊马钩

绊马钩是一种古代武术短器械，铁制，多刺，因形状像梅花鹿角，又叫"鹿角刺"。擅长使用绊马钩的人，亦能用其攀登墙壁。主要用法有刺、戳、扎、挂、钩、挡、架、绞等。

叉

　　叉是古代长器械的一种。顶端有两股叉的为"二股叉"，因形似牛角，又叫"牛角叉"。顶端有三股叉，形似"山"字的为"三股叉"，又叫"三角叉"、"三头叉"、"钢叉"、"马叉"。三股叉头的中股直而尖，两侧股由中股底端弧形向前，后粗前尖，通体为圆形或扁平形。中股比两侧股要高10～13厘米。叉把木质或铁制，长231～264厘米，尾端瓜锤形，全重大约2.5千克。

　　早在原始社会时期就有捕鱼的叉。陕西西安半坡村遗址就曾出土过原始鱼叉，尾端带有结节，便于系绳索。使用时将叉扔出，然后抓着绳子将叉收回来。后来逐渐演变为一种兵器。

　　叉按形状可分为牛角叉（又称虎叉）、龙须叉（又称两股叉）、三须叉、三角叉、笔架叉等。另有在叉头和叉尾装有铁片，相击发声，柄稍短，称"飞叉"或"响叉"。演练方法主要有拦、横、扦、挑、崩、滚、搬、捣、搓、掏、贯、拍等。套路有"飞虎叉"、"太保叉"等。

笔架叉

　　笔架叉是武术器械之一，因其形状像笔架而得名。正握为短兵器，反握就成为暗器。可攻可防，用起来灵活轻便。其正握演练技法有戳、撩、劈、拉等，反握有戳、撞、切、剪等。

叉

铁齿

　　铁齿是古代的稀有兵器，是一种壮族等一些少数民族使用的叉，用铁制成，大小不一，齿锋利，护手是"十"字形。铁齿小巧玲珑，携带方便，而且可以对付刀、剑、枪、棍等兵器。

飞叉表演

　　发展到现在，飞叉变成一种杂技节目，演员使用的是装有活络环形铁片的钢叉，让叉在肩、背、胳膊等处滚转，或抛掷空中，然后接住，从而耍出各种花样，技巧性较高。

鞭

七节鞭

　　鞭是中国古代兵器之一。在历史上，鞭出现的较早，春秋战国时已经较为盛行。鞭可分为软鞭和硬鞭两种。

　　软鞭在晋代已经出现，并被认为是猛烈暗器，不易抵御。软鞭由镖头、握把、若干铁节构成，每节由3个小铁环连接，有七节、九节、十三节之分，一般为九节鞭。软鞭携带方便，可握在手中，也可对折插在腰间。使用时可长可短，可收可放，灵活多变。软鞭以圆运动为主，借助手臂摇动、身体转动，增加鞭的击打速度，改变鞭的运动方向。演练方法有轮、扫、挂、缠、舞花等，既可以单鞭演练，也可以双鞭演练，也可与其他器械配合演练。

　　硬鞭主要可以分为"竹节钢鞭"和十三节"水磨钢鞭"两种。水磨钢鞭不算柄有十三节，每节为方形或圆形疙瘩，鞭长

约1米。鞭头稍细且尖，也可以作握柄，所以鞭头、鞭把都可以握，可两头使用。击法有挡、摔、掉、点、截、盘、扫等。

舞花

舞花是一种带有表演性质的武术演练方式。演练者将器械放在手中做各种舞动的动作和造型，例如通过两手倒换不断地旋转器械等，类型多样。棍、鞭、枪等都可以舞花。

雷神鞭

雷神鞭是硬鞭的一种。鞭长133厘米，鞭把与剑把相同，把手处有圆形铜护盘。鞭身为方形，前细后粗，共为十三节，每节之间有突出的铁疙瘩。鞭尖为方锥形。

竹节钢鞭

竹节钢鞭是硬鞭的一种。鞭长约150厘米，把手为圆形，上有若干突出圆结，便于抓握。把手前有圆形护盘。鞭身前细后粗，呈竹节状，有九节或十一节两种。

锏

  锏是武术器械的一种，古代短兵器的一种。锏出于晋唐之间，长约133厘米，多用钢或铁制成，形似硬鞭，但锏身没有节，锏端无尖、无刃。锏由锏把和锏身组成，锏把有圆柱形和剑把形两种，锏体断面一般为方形。锏粗约7厘米，靠近锏把处较粗，愈向锏端处愈细。锏的大小长短可因人而异，一般为65～80厘米。

  锏既可以单锏练习，也可以双锏练习，但一般多用于双锏练习。双锏技法将身形、步法、兵器、技击、艺术技巧多方面综合为一体系，整个套路演变丰富多彩。其主要击法有击、枭、刺、点、拦、格、劈、架、截、吹、扫、撩、盖、滚、压等。用锏要求又猛又快，因此有"雨打白沙地，锏打乱劈柴"的说法。

  锏较重，要有足够力量的人才能够运用自如，杀伤力也十分大，即使隔着盔甲也能将人活活砸死。

凹面锏

  凹面锏长83厘米左右，锏把为圆柱形。锏身为方形，内中有槽，因此叫做凹面锏。除了形状，凹面锏并没有其他与众不同的地方，其演练技法与普通锏一样。

平棱锏

  平棱锏长约133厘米，锏把为圆柱形，尾端有一小孔，可作穿绳之用。锏把前有六边形铜护盘，锏身呈六棱形，锏顶端粗约为3厘米。平棱锏单、双都可以使用。

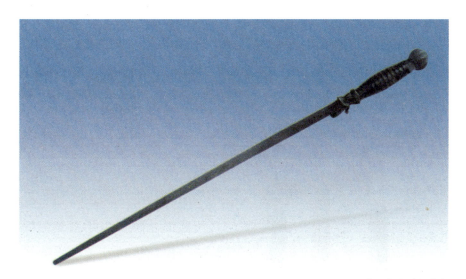

铜瓜楞龙首柄铁锏

杀手锏

　　杀手锏原意指的是锏术中的绝招，又可以写作"撒手锏"。后来常常用来比喻在关键时刻使出的最拿手的本领或取胜的绝招。

锤

　　锤是武术器械的一种，古代兵器之一，古时叫做"椎"。锤形有圆球形，像瓜，所以又称作"立瓜"、"卧瓜"，另外，锤也有四方形、八棱形等。古代持锤者称为"金瓜武士"。成都凤凰山出土的明太祖朱元璋的孙子的墓中，就有持锤的陶俑。

金瓜锤

　　锤比较重，轻者有5千克，重者有数十千克，所以锤造成的创伤往往会致命。锤多用于双器械练习，演练技法主要有涮、拽、挂、砸、擂、冲、云、盖等。

　　锤按照柄的不同一般可以分为长柄锤、短柄锤、链子锤等。

　　长柄锤，柄长，打击力较强，多单用。

　　短柄锤多双用。一般非常重，舞练时需要较大的力量。在战斗中可用锤硬砸、硬架，很有威力。

　　链子锤，没有柄，而

是用若干个铁环相连成链，与锤相连。因为链子较为灵活，所以链子锤演练起来不易把握。

乌铁锤

乌铁锤是使用乌铁铸就，锤身沉重，约25千克，锤长1米左右，始于战国时期，多用于个人防身和突袭。在史书中，多将其称作"长椎"。

方铁锤

方头锤的锤头呈方形，因此得名。方铁锤的锤身、锤柄都是用精铁铸成，重24千克，为巨力者所喜用。

铜锤

铜锤是由赤铜铸就而成，重25千克有余，锤身通常都雕镂有花印，比较精美。铜锤一般被有勇力的人所使用。

抓

  抓是武术器械的一种，古代兵器之一，又称"挝"，在民间流行较广。抓的头像爪，系以长绳或木柄，由抓头和抓杆组成的抓属于长器械，由抓头和绳连接的抓属于软器械，所以抓可以分为长器械和软器械两种。

  长器械的抓，主要有"金龙抓"。抓头形状像人的手，中指伸翔，四指屈挠，木杆长两米左右，抓头套接于木杆上。另外，还有笔砚挝、虎爪双抓等，20世纪末，崆峒派掌派人燕飞霞对笔砚挝十分钟爱，因此常常带在身旁。

古代兵器

  软器械的抓属于暗器的一种，用金属打造，因为爪头像鹰的爪子，又叫"鹰抓飞挝"。爪头前有三指，后一指指上有节，可以屈伸，爪背上有环，系以长约6米的绳子，多用来袭击人马。从手里将抓投掷出去，着身后速拉长绳使爪尖深入敌人肉体中，使其不能脱走，拉倒擒获。但使用这种兵器的人的力量一定要大。近代这一器械演练者已经很少。

笔砚挝

  笔砚挝，武术硬器械的一种，又叫做笔砚抓、判官笔。其形状是中指与食指并拢伸直，大拇指、无名指和小拇指中间握一笔，手形像"剑指"，可以用来点击要害穴位。

虎爪双抓

  虎爪双抓是古代兵器的一种，武术硬器械的一种。长1米左右，柄端是一只手，手指微屈。

双飞抓

  双飞抓是武术软器械之一。爪头形状像鹰爪，五指攒中钉活。长绳两端各系一个爪头，所以叫双飞抓。用时先抛出一个爪头，打不中则边收边抛另一个爪头。

镋

　　镋是中国武术器械之一。镋形似叉，中有利刃似枪尖，称作"正锋"或"中叉锋"。镋长约50厘米，侧分出两股，是弯曲向上成月牙形的利刃。锋和月牙刃互镶并嵌在镋柄上，镋柄长两米有余。有些镋的镋柄尾端还有三棱的铁钻，称为"镈"，用于击刺。镋因为较长、较重，所以是长兵器中的重器械。

　　镋的用法主要有拍、砸、拿、滑、压、横、挑、扎等，基本姿势主要有"扎捻势"、"中平势"、"架上势"、"骑龙势"等。练镋时，没有舞花，持握分前后手，一般有交替换把。镋的主要套路有"溜金镋"、"燕尾翅"等。镋的分类较多，主要有凤翅镋、雁翅镋、牛头镋、镏金镋、齿翼月牙镋等。

　　镋始于明代，是由枪逐渐演变而成的。到了清代常见其使练者，现在镋基本上已经很少见了，大多是作为一项民俗体育活动存在，即飞镋表演。飞镋表演距今已有近400年的历史。最初，它是大战之余将士们的一种娱乐形式，后来流传到民间。现在南京六合县仍有武术爱好者可以进行飞镋表演，但已濒临失传。

牛头镋

　　牛头镋，又称作牛头月镋。牛头镋的正锋两侧不是月牙形的刃，而是弯曲如牛角，所以称为牛头镋。柄为粗木制成，长约两米。牛头月镋能攻能守，尤其善于破枪。

凤翅镏金锐

凤翅镏金锐两边外展的刃不是普通的月牙刃，而像凤凰的翅膀，再加上这种兵器一般是镏金的，所以就称作"凤翅镏金锐"。

齿翼月牙锐

齿翼月牙锐是古代稀有兵器的一种，用纯铁制成。它的正锋长33厘米左右，左右两个主刺长27厘米左右，其上共有16个小刺。它因为多尖，可以和众多敌人同时搏斗。

锐

棍

　　棍是武术长器械，古代长兵器之一。棍的历史较悠久，在原始社会时是主要的生产工具和防身自卫的工具之一，也是最早用于战争的武器之一。

　　棍是没有刃的兵器，有"百兵之首"的美誉。棍通常完全用木质，并且制造非常简单，从棍梢到棍根，并没有弧度，只是一浑圆坚质的木杆。棍多用坚实的木材或用柔韧的木材制造，以保证棍不易损折。棍粗细不等，一般以单手能够把握为准。棍的种类也较多，主要有齐眉棍、三节棍、连珠棍等。棍属于近战搏斗兵器，它的攻击范围要比刀、枪大，所以自古就有"棍扫一大片"的说法。但是棍主要造成钝器伤和淤伤，其杀伤力比刀、枪等要小。

　　历史上的棍术派别很多，尤其是明代，主要有俞大猷棍、东海边

棍术表演

城棍、少林棍、紫微棍等。流传下来的棍术套路较多。棍的演练动作主要有劈、崩、缠、点、拨、拦、撩、扫等。可以单练、双练，也可以集体演练。现代的棍术在技击、体育、表演等方面有所继承和发展。

齐眉棍

齐眉棍是少林兵器之一，通常以白蜡杆制成，粗可盈把，把棍竖直，棍与人的眉高度相齐，所以叫做齐眉棍。

三节棍

三节棍是武术软器械，古代软兵器之一。三节棍是由三节长短相等、木质坚硬的棍组成，节与节间用铁环相连，每节棍长约50厘米，全长约等于练习者的身高。

连珠棍

连珠棍由一根长棍和两根短棍组成。每根棍的上端各有一铁箍，箍上有铁环，三棍互相连接。连珠棍用时双手挥动长棍，同时带动二短棍。其主要用法有劈、拦、甩、绕、点等。

槊

    槊是武术器械的一种。槊是由矛和棒演变而来的，明代字书《正字通》中曾写有"矛长丈八谓之槊"。早期槊、矛通常混称，后来槊发展成为重型兵器的一种，多用于马上作战。在云南江川李家山古墓群中就发现过战国晚期、东汉早期的槊。槊的种类很多，结构复杂，较为笨重，多由力大的人使用，《水浒传》中"百胜将军"韩滔用的武器就是一杆枣木槊。

    槊分槊柄和槊头两部分。槊柄用坚实的木材制成，长约2米。槊头是槊柄的顶端安装有一个长圆形锤，上面密排铁钉或铁齿6～8行，柄尾装有三棱铁钻，这样的槊被称作"狼牙槊"。除狼牙槊外，还有指槊、掌槊、衡槊、枣阳槊等不同类型的槊。

    槊的传统演练套路称为"单槊"，槊的击法与大刀相似，主要有劈、盖、截、拦、撩、冲、云、带、挑等。槊虽然较重，但也可演练许多招式，如"泰山压顶"、"刀劈华山"、"横扫千军"等。槊在现代武林之中已近失传，练槊的人较为罕见。

掌槊

    掌槊是槊的一种，但槊柄上端装的不是长圆形的锤，而是一个带有五个尖的、形制像人手掌的金属制品，所以叫做掌槊。

古代兵器

枣阳槊

枣阳槊是槊的一种，全长约233厘米，柄长2米。槊头为圆形如枣的铁锤，上面密布6排铁钉，柄尾有棱形铁镦。《说唐》中单雄信使用的就是枣阳槊。

横槊赋诗

横槊赋诗是一个跟槊相关的历史典故，意思是手横握槊于身前吟诗。宋代诗人苏轼在《前赤壁赋》里描写曹操"酾酒临江，横槊赋诗"。

棒

棒是武术器械的一种。棒一般长约167厘米，用木质坚韧的白蜡木制作。棒身的两端粗细不一，一端粗可盈把，此端是握手处，越往上越细。棒的种类较多，仅《武经》中记载的就有钩棒、抓子棒、狼牙棒、杆棒、大棒、夹链棒7种。

狼牙棒是古代兵器之一，由棒头、棒柄两部分组成。棒头为形如枣核的椭圆锤，锤面布满了铁刺，形如狼牙，所以叫做狼牙棒。棒柄为坚木，长约2米，柄末端有铁制的钻，下有尖。铁钻装于棒尾，既可以保护棒尾不致破裂，又可以击敌，可在地上插立。狼牙棒较笨重，一般为马上骑战所用。基本的击法主要有劈、砸、盖、冲、截、拦、撩、带、挑、抢、旋、磕等。

杆棒跟狼牙棒有些相像，长约167厘米，上端有尖，长4厘米。棒头的两端各长50厘米，上端植有小刺48个，下端植有小刺50个，小刺长约2厘米，状如狼牙。杆棒具有刺、枪、劈、戳、撩、锯、扫等用法。

另外还有丈二棒、铁链棒、金箍棒等。

丈二棒

丈二棒因其长度约为一丈二尺（约4米）而得名，粗可盈把。主要用法有出、归、起、落、沉、浮等，要求势势相连，一气呵成。

狼牙棒

铁链棒

　　铁链棒是由两根长短不一的木棍连接而成。长棍约133厘米，短棍50厘米。两根棍各有一铁箍，箍上带环，用约33厘米长的铁链相连。铁链棒的主要用法有劈、扫、挂、甩等。

金箍棒

　　金箍棒长266厘米左右，棍梢和棍根处均套有30多厘米长的铁箍或铜箍。金箍棒的主要击法有劈、崩、扫、缠、绕、绞、点、拨、云、拦、挑、撩、挂、戳等。

拐

　　拐是武术器械的一种，俗称"拐子"。拐是由民间老人们挂的拐杖演变而成的一种武术器械。拐为铁制或木制结构。按照形式，拐可分为长拐和短拐两类。

　　长拐一般长约133厘米，拐柄为圆柱形。在其柄端垂直处，有一突出之短柄，短柄又称为"牛角拐"或"羊角拐"。使用时的握法有两种：可以一手握短柄，另一手握长柄；也可以两手握长柄与单手握长柄或短柄，交替使用。长拐多用于单器械练习。

　　短拐多呈"丁"字形，长不足1米。短拐多用于双器械练习，演练时两手各握一拐的短柄。短拐还可以与刀剑之类兵器同时使用。

　　拐的造型多种多样，例如有羊角拐、二字拐、钩镰拐等。但无论是怎样的造型，其练法基本一致。单拐演练方法有劈、砸、滚、蹦、支、扑、拍、拿、钩、挂、截等；双拐演练方法有搂、盖、转、击等。拐除套路单练外，还可对练。

羊角拐

　　羊角拐是少林拳派的稀有兵器。柄长1米多，粗不足3厘米，并且上粗下细。柄顶端有形如羊角的短柄拐头。羊角拐平时可以作为拐杖用，遇敌时可以作为武器，可抢、打、扎、砸。

武术表演

二字拐

　　二字拐是武术短器械之一，短拐的一种，在柄的两端各有一个横的短柄，两个横的短柄与柄垂直，因上下横着的两个短柄相平行，成"二"字形，所以叫二字拐。

钩镰拐

　　钩镰拐是武术短器械之一。拐柄的两端各有一个钩镰枪头。距拐柄两端1/3处，均有一个突出的与柄垂直的横短柄，两个横短柄方向相同。钩镰拐的用法兼有枪、拐之特点。

115

流 星 锤

　　流星锤是武术器械的一种，古代软兵器的一种，又称作"飞锤"、"走线锤"。流星锤是一种将金属的小锤与长绳通过铁环连接而成的兵器。小锤大小如鸭蛋，形状多样，有圆形、瓜形、多棱形、刺球形等。锤头与长绳的交接处一般系有彩绸。流星锤可分单流星与双流星两种。单流星绳索长约4.95米，只有一端系有小锤；双流星绳索长约1.65米，绳子两端各系有一个小锤。

　　流星锤有"状若秤锤，飞若流星"的说法，流星锤舞动起来，非常快，如流星划过夜空一样，所以称作流星锤。流星锤比较难练，需要有巧劲。流星锤的主要演练方法有缠、抛、抡、扫等。演练时，要先学会用肩肘、手腕、大腿、小腿、脚踝等各部位关节，做缠绕和抛击的动作，快速抛击后再收回，逐渐掌握流星锤运动的规律和惯性，达到收放自如。流星锤有很多招式，比如有金丝缠臂、仙索缠脖、浪子踢球、苏秦背剑、胸前挂印、青龙出洞等。

少林流星锤

　　少林流星锤是少林软兵器中的一种，它携带比较方便，在旅途中又可以作为绳子使用。它是较难练的一种兵器，需要练习者长时间刻苦努力的训练，才能运用得得心应手。

青铜秤锤

链子锤

　　链子锤是流星锤的一种，分为锤身和链两大部分。锤形如小瓜，多用铜铁制造，链长约116厘米。链尾有环，可以套于手中。

绳镖

　　绳镖是武术器械的一种，也是古代软兵器的一种。跟流星锤的结构有些相似，只是绳镖上与绳子相连的不是小铁锤，而是一个金属镖头。其演练方法跟流星锤相同。

武术与《易经》

　　《易经》，又称为《周易》。《易经》大约产生于周代，是中国最古老的占卜用书，现在的《易经》包括《经》和《传》，《经》是《周易》本经，而《传》是对本经的注解。

　　《易经》的主要思想有阴阳之说、变化之道，揭示和描述了宇宙万事万物运动变化发展的内在规律，充满了辩证主义的哲学思想。五千年来，《易经》已经渗透到中华文明史中，并对包括武术在内的中国传统文化的很多方面都产生了影响。《易经》对传统武术的影响还是比较深远的，例如《易经》中有"易有太极，是生两仪，两仪生四象，四象生八卦"，这体现了古人的朴素唯物主义观点和辩证法思想。我国传统武术中的太极拳正是吸收了《易经》中阴阳两仪的思想。而另一传

八卦与太极

统武术八卦掌，也是借鉴了《易经》中八卦图和八卦思想。

　　《易经》有着丰富的哲学思想，对中国传统文化的形成和发展有着重要的影响，对武术的影响也是不容忽视的。了解《易经》的思想，对于研究武术理论、弘扬武术文化都有着积极作用。

八卦图

　　八卦图中以"—"为阳，以"－－"为阴，"乾、坤、震、巽、坎、离、艮、兑"分立八方，中间绘有太极图，八方分别象征"天、地、雷、风、水、火、山、泽"八种自然现象。

"易有太极，是生两仪，两仪生四象，四象生八卦"

　　太极是一个"有"和"无"的临界点，太极在这个点上变化，分为阴阳两仪。两仪在动态的平衡中衍生了四季，四季也是循环往复的，并构成了世间万物，即八卦。

《易经》名家

　　中国历史上各朝各代对《易经》的研究从没有停止过，比较著名的研究者有汉代的京房、郑玄，魏晋时代的王弼，唐代的陆德明、孔颖达，宋代的邵雍、程颐、朱熹等。

中国武术与古典文学

　　我国的古典文学指的是新文化运动之前文学史上的优秀作品和经典作品，体裁主要有诗歌、散文、小说、词、赋等。古典文学是中国文学的根基和现当代文学得以发展的基础，更是中国传统文化的重要组成部分。

　　而同样作为传统文化有机组成部分的武术和古典文学有着不可分割的联系，以施耐庵的小说《水浒传》为例，《水浒传》不仅是一部历史演义小说，更可以算得上是一部兵器大观。书中涉及各种各样的刀、枪、剑、斧、钩、棒、槊等，几乎包括十八般兵器。"林教头风雪山神庙"中林冲所持的是花枪和解腕尖刀；"景阳冈武松打虎"中武松打虎用的是哨棒；"小李广梁山射雁"中花荣所用为弓箭；"宋公明三打祝家庄"中李逵抢的是两把板斧；"入云龙斗法破高廉"中汤陇出场时用的就是铁瓜锤。所以中国武术和中国古典文学是相渗透的，古典文学反映了当时武术的发展状况，武术的发展为古典文学提供了丰富的题材。

新文化运动

　　新文化运动是在20世纪初中国文化界中，由陈独秀等人发起的一次革新运动。提倡科学与民主，反对专制、愚昧和迷信；提倡新道德，反对旧道德；提倡新文学，反对旧文学。

黑旋风李逵

《水浒传》

《水浒传》是中国四大名著之一，元末明初施耐庵所作。写的是北宋末年以宋江为首的一百零八人在梁山泊聚义的故事。《水浒传》是我国第一部以农民起义为题材的小说。

解腕尖刀

解，是割的意思。解腕尖刀是一种小巧而又锋利的刀，一般柄比较短小，方便携带，刀尖长，刀刃薄，锋利无比。

武术名人

　　中国武术历史悠久，各个时代的武术家也是层出不穷，人才济济。例如，元末明初太极十三式的创立者张三丰；明代《耕余剩技》的作者程宗猷；清末杨式太极拳创始人杨露禅，孙式太极拳的创始人孙禄堂，霍家派迷踪拳与精武体操会的创始人霍元甲，咏春拳的继承和发扬者梁赞；清末民初的洪拳大师黄飞鸿；民国时期的咏春拳的发扬者叶问；现代的美籍华人功夫明星李小龙。

　　由于影视的传播，其中为广大群众所熟知的有黄飞鸿、李小龙。黄飞鸿是明末清初佛山著名的武术家，也是一位救死扶伤的名医，对南派武术的发展有着重要的影响。黄飞鸿将洪拳发扬光大，改进了铁线拳、工字伏虎拳、虎鹤双形拳等，在武术界独树一帜。李小龙是一位著名的武术家和武打影视演员。李小龙师从叶问学习咏春拳，同时他还是一位武术改革家，是截拳道的创始人。另外，还有一些现代的武术名人逐渐涌现出来，并走向世界。其中多数是武打影视明星，例如成龙、李连杰等。

杨露禅

　　杨露禅是河南焦作温县人，曾师从于陈式太极拳的传人陈长兴。后来他改进了太极拳，形成柔和缓慢、舒展大方、刚柔相济的风格，被称为"杨式太极拳"。

李小龙塑像

梁赞

　　梁赞是广东人，曾师从于咏春拳传人黄华宝及其师弟梁二娣。梁赞将咏春拳发扬光大，被咏春门人推崇为一代祖师。

叶问

　　叶问是民国初期有名的武术家，曾师从于咏春拳大师梁赞之子梁壁，并积极发扬咏春拳，在咏春拳术方面有着极深的造诣，后被推崇为咏春派的一代宗师。

武术流派

嵩山少林牌坊

  中国武术源远流长，门派众多。中国武术的划分标准也是多种多样的，可以按地域、传承与起源、套路特点等方式进行分类与命名。按地域划分，可以分为南派和北派，内家和外家；按山脉、庙宇划分，可以分为少林派、武当派、峨眉派等；按武术技术内容划分，可以分为拳术类、器械类、气功类、摔跤类等；按武术器械划分，可以分为类刀术、剑术、枪术、棍术等。

  但无论是怎样的分类，具体到每一个流派，都不外乎是由门、派、家、式等划分或命名的。"门"指的是一些人对某种拳术的崇拜而结合在一起共同学习的武术团体，如八卦门。"派"指的是同门中的不同集团，是同门的支流，如少林拳可以分为河

南派、广东派等。"家"指的是某一个人对某一门派的学习造诣较高，形成自己的特色，如河南少林派又分为红、孔、愈三家。"式"指的是每一个动作的不同，例如太极拳分陈氏、杨氏等。

中国武术中较为著名的有少林派、武当派、峨眉派三大派。

少林派

少林派是中国武术中影响范围最广、历史最长的武术门派，因出于河南嵩山少林寺而得名。少林派的功夫包括拳术、棍术、枪术、刀术、剑术等共100多种。

武当派

武当派由宋人张三丰创立，因位于湖北武当山而得名。武当派功法的特点是强筋骨、运气功，讲究以静制动、以柔克刚，注重内功修养等。武功类别主要有内功、拳脚、剑法等。

峨眉派

峨眉派因发源于四川峨眉山而得名。峨眉派功法介于少林阳刚与武当阴柔之间，集众家之所长，刚柔相济，内外相重，长短并用。

武术在国外的传播

近些年来，武术得到了蓬勃发展，丰富了人民的文化生活，提高了人民的身体素质。随着国际交往的日益频繁，我国对外开放的深入，武术也逐渐跨出国门，走向世界，在国外得到传播。

中国武术所具有的健身、技击、表演等功能，吸引了国外大批的武术爱好者。从历届世界武术锦标赛先后参赛的国家和地区来看，武术已经传播到了70多个国家和地区。在美国、英国、埃及等地，以中国功夫命名的各种学校和组织几乎遍布各大城市。武术在国际上的传播有助于发展和加强我国同世界各国人民的友谊，也有助于经济、文化的交流。

但同时我们也应该看到，中国武术在国外的传播，表面看起来较为繁荣，但事实上所传播的内容还是不甚明朗。中国武术与国际运动接轨的只是竞技武术，而竞技武术并不能代表中国武术，并且国外从事竞技武术的人少之又少。而且，中国武术包含了中华五千年的传统文化，有着深厚的文化内涵，只有将中国武术与中国文化一起传播，才能真正实现武术的传播。

武打影星与中国武术传播

近年来，随着李小龙、成龙、李连杰等武打影星进驻好莱坞，在一定程度上扩大了外国人民了解中国武术的途径，有利于武术在世界的传播。

走向世界的中国武术

少林寺与中国武术传播

近年来，嵩山少林寺内部专门为国外武术爱好者开辟出一个空间，并配备优秀的禅师和武僧，系统地开设了少林功夫等课程，这对于传播中国武术和文化有着积极作用。

韩国跆拳道的国际化传播

20世纪60年代初期，韩国着手制定跆拳道国际传播计划，几十年后，跆拳道便风靡世界，并于2000年成为奥运会的比赛项目之一。其传播方式是值得我们学习和借鉴的。

图书在版编目（CIP）数据

武术 ／ 栗小莹编著. -- 长春 ：吉林出版集团股份有限公司，2013.1
（中华优秀传统文化丛书）
ISBN 978-7-5534-1359-4

Ⅰ．①武… Ⅱ．①栗… Ⅲ．①武术－介绍－中国 Ⅳ．①G852

中国版本图书馆CIP数据核字(2012)第316292号

武术
WUSHU

编　著	栗小莹	
策　划	刘　野	
责任编辑	赵黎黎	
封面设计	隋　超	
开　本	680mm×940mm　1/16	
字　数	42千字	
印　张	8	
版　次	2013年 1月 第1版	
印　次	2018年 5月 第3次印刷	

出　版	吉林出版集团股份有限公司
发　行	吉林出版集团股份有限公司
地　址	长春市人民大街4646号
	邮编：130021
电　话	总编办：0431-85618719
	发行科：0431-85618720
邮　箱	SXWH00110@163.com
印　刷	山东海德彩色印刷有限公司

书　号	ISBN 978-7-5534-1359-4
定　价	25.80元